Der Glaube ist einfach

Gerhard Ludwig Müller (Hg.)

Der Glaube ist einfach

Aspekte der Theologie Papst Benedikts XVI.

Verlag Friedrich Pustet
Regensburg

Bibliografische Information der Deutschen Nationalbibliothek

Die Deutsche Nationalbibliothek verzeichnet diese Publikation
in der deutschen Nationalbibliografie;
detaillierte bibliografische Daten sind im Internet über
http://dnb.d-nb.de abrufbar.

www.pustet.de

ISBN 978-3-7917-2097-5

Umschlaggestaltung: Heike Jörss, Regensburg
Umschlagfoto: www.altrofoto.de, Uwe Moosburger, Regensburg
Druck und Bindung: Friedrich Pustet, Regensburg
Printed in Germany 2007

Inhalt

Vorwort

Der Titel, unter dem die vorliegenden Beiträge zusammengefasst sind, erinnert an die Worte Papst Benedikts XVI., die er während seines Pastoralbesuches in Regensburg an die Gläubigen gerichtet hat:

> „Der Glaube ist einfach. Wir glauben an Gott – an Gott, den Ursprung und das Ziel menschlichen Lebens. An den Gott, der sich auf uns Menschen einlässt, der unsere Herkunft und unsere Zukunft ist. So ist Glaube immer zugleich Hoffnung, Gewissheit, dass wir Zukunft haben und dass wir nicht ins Leere fallen."

Papst Benedikt XVI. verweist darin auf die Grunddaten unseres Glaubens und die uns Christen vorgegebene Mitte unseres Lebens: Der dreifaltige Gott ist Ursprung und Ziel der gesamten Schöpfung, der uns durch die Offenbarung seines Sohnes teilhaben lässt an seiner sich verschenkenden Liebe. Dies erscheint dann auch als das Leitmotiv seiner Theologie, die sich der wissenschaftlichen Durchdringung ihrer unterschiedlichsten Bereiche gewidmet hat, um den inneren Zusammenhang der Wirklichkeit von Gott und Mensch aufzuspüren, damit der Mensch in seine Eigentlichkeit geführt werde.

Papst Benedikt XVI. gehört zu den bedeutendsten Theologen der Gegenwart. Sein theologisches Werk umfasst alle Themenfelder der Theologie. Diese erschließen sich nicht nur im Blick auf die Details einer Fragestellung, sondern erst durch die wechselseitige Verknüpfung aller Teilbereiche wird die eigentliche Dimension der Theologie zum Leuchten gebracht – sie sucht den Grund unseres Seins in der Beziehung zu Gott zu erklären. Sie wird so zur wissenschaftlichen Erhellung unseres Bekenntnisses und der Praxis des Glaubens an die Präsenz Gottes in der Schöpfung und an seine Selbstmitteilung in seinem Wort in der Geschichte und Person Jesu Christi.

Dass dies mit hohen rhetorischen Möglichkeiten und der Fähigkeit zu transparenter Vermittlung verbunden ist, gehört zu den Merkmalen der Theologie Benedikts XVI. Auch die der Kirche Fernstehenden und die Vertreter anderer Fachbereiche wurden auf diese Weise auf die gesellschaftliche Relevanz der Theologie hingewiesen. Über ihren je eigenen Bereich hinaus wurden Neugierde und Begeisterung für den Glauben und die Kirche geweckt.

Ausgangspunkt für dieses Buch war ein wissenschaftliches Symposium, das unter dem Titel „Der Glaube ist einfach" am 21. April 2007 in Regensburg anlässlich des 80. Geburtstages Papst Benedikts XVI. stattgefunden hat. In den nun vorliegenden Beiträgen werden unterschiedliche Aspekte der Theologie Joseph Ratzingers / Papst Benedikt XVI. so erörtert, dass sie uns tiefer hineinführen in sein Denken. Die einzelnen Artikel dieses Bandes verstehen sich zugleich als Einladung, den Spuren einer Gedankenwelt zu folgen, die für die Kirche unserer Zeit wegweisend sind.

Regensburg, am Fest des hl. Irenäus 2007

\+ *Gerhard Ludwig Müller*
Bischof von Regensburg

Deus Caritas est

Auf dem Weg zu einer neuen Welt[1]

Bischof Gerhard Ludwig Müller

Das 20. Jahrhundert war von Ideologien und Männern bestimmt, die der Welt ohne Rücksicht auf das Lebensglück von Millionen Menschen ihren Willen aufzwingen wollten. Ihre eigenen Ideen hielten Stalin, Hitler, Pol Pot, MaoTseTung für das Heil der Welt und entwarfen die Zukunft des Menschen nach ihrem Bild und Gleichnis. Auch heute erleben wir, wie der weltweite Terrorismus, manchmal sogar im Namen Gottes, Hass und Gewalt zum Mittel für eine künftige bessere Welt erklärt.

Demgegenüber ist das Christentum die Religion der Liebe. Die Liebe, mit der Gott uns Menschen alle im überreichen Maß beschenkt und unsere Antwort in der Hingabe an Gott und den Mit-Menschen sind die Wesenserfüllung des Menschen. Mit den Worten der Enzyklika: „Die Liebe ist nun dadurch, dass Gott uns zuerst geliebt hat, nicht mehr nur ein Gebot, sondern Antwort auf das Geschenk des Geliebtseins, mit dem Gott uns entgegengeht." (Nr. 1)

Gottes- und Nächstenliebe sind die Herzmitte des christlichen Glaubens an die schöpferische, erlösende und vollendende Macht Gottes des Vaters, des Sohnes und des Heiligen Geistes.

Liebe und Hass – zwischen diesen Alternativen wird sich das Schicksal der Welt und jedes einzelnen Menschen erfüllen.

Das ist das Thema des ersten Rundschreibens unseres Papstes Benedikt XVI.

1 Der vorliegende Beitrag ist die leicht überarbeitete Fassung meines Vortrags vom 25. Januar 2006 anlässlich der Vorstellung der Enzyklika *Deus Caritas est* von Papst Benedikt XVI. in Regensburg.

1. Die Einheit der Liebe in Schöpfung und Heilsgeschichte

Liebe kann missverstanden werden als ein bloßer Moralappell, ein folgenloser Aufruf zum Guten, während die reale Welt unbeirrt ihren Weg von Hass und Egoismus, von Selbstsucht und absoluter Orientierung am Eigennutz weitergeht. Man kann aber auch fragen, warum das 20. Jahrhundert nicht nur Ungeheuer hervorgebracht hat, sondern auch Menschen wie Mahatma Gandhi, Fr. Roger Schutz, die selige Mutter Teresa oder den Diener Gottes, den verehrten Papst Johannes Paul II.

Christenmenschen sind solche, die der Liebe geglaubt haben. Christsein vollzieht sich in der Begegnung mit der Person Jesu von Nazaret. In ihm sind alle Verheißungen Gottes wirklich und wirksam geworden. In ihm sind Gottesliebe und Nächstenliebe innerlich vereint, so wie sie schon in der Offenbarungs- und Glaubensgeschichte des erwählten Volkes Israels angelegt waren.

Darum ist das Bekenntnis zu Gott im Zeugnis: „Gott ist die Liebe, und wer in der Liebe bleibt, bleibt in Gott und Gott bleibt in ihm" (1 Joh 4,16), der einzige und sichere Weg in die lichtvolle Zukunft sowohl in der Zeit der Geschichte wie auch in der Vollendung des Menschen in der ewigen Liebe Gottes. Im ersten Teil seiner Enzyklika entfaltet der Papst die Einheit der Liebe in Schöpfung und Heilsgeschichte, während er im 2. Teil praktisch über die *caritas* spricht. Es geht dabei um das Liebeshandeln der Kirche als einer Gemeinschaft der Liebe. Von der Auslegung dessen, was Liebe ist, hängt entscheidend unser Gottesbild und unser Menschenbild ab.

Von Liebe sprechen wir bei allen geglückten Beziehungen des Menschen, die etwas mit Sinn und Erfüllung zu tun haben. Wir reden von der Liebe zwischen Geschwistern, Eltern und Kindern, unter Freunden, aber es gibt auch die Liebe zur Arbeit, zur Kunst, Musik und Wissenschaft.

Doch der höchste Gesichtspunkt, in dem in allen Kulturen und besonders auch im Raum der biblischen Offenbarung von Liebe gesprochen wird, ist die geist-leibliche Gemeinschaft von Mann und

Frau in der Ehe. Wegen der inneren Einheit des Menschen in Geist und Materie, Seele und Leib darf man den Eros des leiblichen Begehrens und die Philia und die Agape, die sich verschenkende und hingebende Liebe, nicht voneinander trennen. Es geht um die Reinigung von allen egoistischen Regungen, die den Menschen am Ende zum Sklaven seines Ichs oder der kommerzialisierten Lustindustrie macht; Ziel ist die leibseelische Integration und die Öffnung zum Nächsten in der Hingabe. Der Mensch ist nach dem Plan des Schöpfers so verfasst, dass er sich nur gewinnen kann, indem er sich an den geliebten Mitmenschen hin verschenkt und so mit ihm in eine Gemeinschaft der Liebe eingefügt wird.

Damit ist auch der Einwand des Philosophen Friedrich Nietzsche gegen das Christentum beantwortet, das Christentum habe dem Eros Gift zu trinken gegeben, daran sei der Eros zwar nicht gestorben, sondern man habe den Menschen ein schlechtes Gewissen gemacht und ihre biologischen und naturhaften Antriebe zu Lastern erklärt. Logos und Bios lassen sich jedoch nicht gegeneinanderstellen oder als zwei völlig getrennte Sphären absondern.

Sowohl eine Leibfeindlichkeit, die den Menschen als reinen Geist sieht jenseits seiner biologischen Existenzbedingungen, als auch eine konsumistische Leibvergötzung, die Geist und Ethos nur als weltfremden Überbau abschütteln will, zerstören die Liebe. Wahre Liebe will Ewigkeit: Nur dich und für immer. Dem Glauben an den einzigen Gott, wie er zum Kern der Identität des Gottesvolkes Israel geworden ist, entspricht daher die monogame Ehe.

So zeigt sich, dass das Neue des biblischen Glaubens in Israel und in der Kirche in der unlöslichen Zusammengehörigkeit des Gottes- und des Menschenbildes liegt. Worin besteht das ganz Neue des biblischen Gottesglaubens?

Lassen wir die oft verqueren Anläufe zum Verständnis des Göttlichen in den polytheistischen Religionen beiseite und schauen wir uns das Gottesverständnis des Aristoteles auf dem Höhepunkt der griechischen Philosophie an. Er kennt nur den einen einzigen Gott, den das menschliche Denken erreichen kann. Aber Gott ist der, der von allem Seienden geliebt und angestrebt wird, der aber selbst nicht liebt und der Liebe bedürftig ist.

Auch das Judentum und Christentum erkennen Gott als das höchste Sein. Aber das ganz neue ist dies: Gott, der Schöpfer der Welt und der, der sich Israel als sein Volk erwählt hat, ist ein liebender und verzeihender Gott. Ja, gleichsam ist auch der Eros in seiner Liebe zu seinem Volk erkennbar. Er ist ein eifernder Gott. Er ist voller Zorn über die Halsstarrigkeit, die Gleichgültigkeit und den Liebesentzug, mit dem die Israeliten ihn strafen wollten. Aber größer ist seine leidenschaftliche Liebe auch zu dem störrigen und sündigen Volk. So wie ein Bräutigam seine Braut liebt und sich vor Sehnsucht nach ihr verzehrt, ja, ihre Untreue mit noch größerer Liebe beantwortet, so liebt Gott seine Braut Israel.

Im Neuen Testament haben wir nicht einfach nur neue Ideen. Das Neue besteht in der Person Christi, der fleischgewordenen Vernunft und Liebe Gottes. In seiner leidenschaftlichen Liebe zu den Menschen geht er bis zum Kreuz. Im Blick auf seinen zerschundenen Leib und sein durchbohrtes Herz erahnen wir, was es heißt: Gott ist die Liebe. Die Liebe Gottes in Christus ist realistisch und präsent in der Feier der Eucharistie. Hier empfangen wir nicht statisch nur die sich hingebende Liebe Christi. Wir werden in sie hinein gerissen. So wie Jesus ganz für uns da war, so können wir nur Christen sein, indem wir uns mit ihm für die Menschen öffnen und dahingeben.

Diese mystische Vereinigung mit Jesus im Sich-mit-Opfern und im Empfang der Kommunion, als Lebensgemeinschaft mit ihm und den Gliedern seines Leibes, den Brüdern und Schwestern, hat, wie der Papst sagt, „sozialen Charakter“ (Art 14).

2. Die Einheit in Christus

Es wäre völlig falsch, wenn wir das Christsein aufspalten wollten in drei verschiedene Komplexe, nämlich des Glaubensbekenntnisses, der Moral und Ethik und schließlich von Kult und Liturgie. In Christus sind Gottes- und Nächstenliebe, Orthodoxie und Orthopraxis wie die zwei Seiten einer Münze.

Wir sehen uns aber in unseren eigenen Überlegungen und im Gespräch mit anderen immer zwei Einwänden gegenüber:

- Können wir Gott überhaupt lieben, wenn wir ihn doch nicht sehen?
- Und kann man Liebe gebieten?

Du sollst Gott und deinen Nächsten lieben! Gewiss ist Gott unseren leiblichen Augen nicht sichtbar. Niemand hat Gott je gesehen. Aber „der Einzige, der Gott ist und am Herzen des Vaters ruht, er hat Kunde gebracht“ (Joh 1,18).

Wer mich sieht, sieht den Vater, antwortet Jesus dem Philippus, der ihn bittet: Herr, zeig uns den Vater (Joh 14,9). Ja, wir haben es mit eigenen Augen gesehen, mit unseren Ohren gehört und mit unseren Händen berührt: das Wort des Lebens und haben mit und durch Christus Gemeinschaft mit dem Vater (1 Joh 1,1–3). Die Jünger haben die Liebe Gottes gesehen, indem Jesus Kranke geheilt, Ausgestoßene in die Gemeinschaft zurückgeholt hat, den toten Sohn der Mutter durch Auferweckung von den Toten zurückgegeben hat, den Armen die Frohbotschaft verkündet und die Trauernden getröstet hat. Und er bleibt bei uns, indem er die Bitte der Emmausjünger erfüllt durch sein Wort, die Sakramente, die Eucharistie, das Gebet, das er erhört und durch die Liebe, die wir erfahren und die wir verschenken können.

Wenn Liebe nicht nur Gefühl ist, sondern das Sich-hinein-reißen-Lassen in die Liebesgeschichte Gottes mit den Menschen, dann lernen wir auch, den Unsympathischen, den Lästigen und Langweiligen, ja sogar unseren Feind auf einmal mit den Augen Gottes zu sehen. Dann wird die Erfüllung des Liebesgebotes möglich. Wir ringen unserer eigenen Liebesunfähigkeit etwas ab. Wir geben nur weiter, was wir selbst empfangen haben. Liebe wächst durch Liebe. Liebe kann dann niemals nur eine religiöse Pflicht bleiben. Liebe macht sensibel für Gott und den Nächsten.

„Wenn ich meine ganze Habe verschenkte und wenn ich meinen Leib dem Feuer übergäbe, hätte aber die Liebe nicht, nützte es mir nichts“ (1 Kor 13,3).

3. Caritas und Diakonia:
Die Kirche ist eine Gemeinschaft in der Liebe Gottes

Die Liebe ist Gott, der sein dreifaltiges Leben auf uns Menschen hin öffnet: Aus Liebe erschafft Gott die Welt und beruft die Menschen als seine geliebten Söhne und Töchter. Der Sohn wird in der Menschwerdung einer von uns. Er zeigt, dass Liebe mehr ist als unverbindliches Gefühl, sondern tätiges Sich-Verschenken. Er öffnet in seinem blutigen Tod sein Herz für uns. Im Herzen Gottes sind wir geborgen. Der Geist von Vater und Sohn wird über allen Menschen, der ganzen Kirche und uns persönlich ins Herz gegossen, sodass wir wie Jesus von allem Hochmut befreit, den Menschen sogar den Sklavendienst der Fußwaschung verrichten können (vgl. Joh 13). Weil der Heilige Geist im Herzen der Kirche lebt, wird all ihr Handeln zum Ausdruck und zur Mitteilung der Liebe Gottes in der Welt. Untrennbar sind darum Leiturgia, Martyria und Diakonia.

Die Caritas und Diakonia ist eine Wesensäußerung der Kirche. In der Apostelgeschichte heißt es: „Alle, die gläubig geworden waren, bildeten eine Gemeinschaft und hatten alles gemeinsam. Sie verkauften Hab und Gut und gaben davon allen, jedem so viel er nötig hatte“ (Apg 2,44f).

Als die Kirche immer größer wurde, kam es notwendig zu einer Organisation der Caritas auf der Ebene der Pfarrgemeinde, der Ortskirche, dem Bistum und auch heute umso mehr zur Organisation auf nationaler und auf Weltebene.

Es gibt genügend Beispiele aus der Zeit der Kirchenväter, dass gerade die Heiden die Fürsorgetätigkeit der Christen und der Kirche für die Armen und die Notleidenden als das besondere Merkmal der Christen betrachteten. Kaiser Julian der Apostat hatte als sechsjähriger Junge die Ermordung seines Vaters und seiner Verwandten durch den sich so christlich gebenden Kaiser Konstans erleben müssen und war dadurch zu einem glühenden Hasser des Christentums geworden. Als er sein Neuheidentum wieder aufrichten wollte, setzte er heidnische Wohlfahrtsorganisationen der Kirche gegenüber, weil das Christentum durch die praktizierte Nächstenliebe so populär geworden war.

Die organisierte Caritas ist darum nicht einfach nur eine humanistische Wohlfahrtstätigkeit, die man auch dem Staat oder anderen Organisationen überlassen könnte, sondern sie gehört zum Wesen der Kirche und ist unverzichtbarer Wesensausdruck ihrer selbst (Art. 25). Die Kirche ist Gottes Familie in der Welt, in der es keine Notleidenden geben darf.

4. Im Mensch-Sein bewahrt:
Mit Christus die Inhumanität überwinden

Der Papst kommt auch auf die großen gesellschaftlichen Verwerfungen im Europa des 19. und 20. Jahrhunderts zu sprechen, die durch die industrielle und durch wissenschaftliche Revolutionen ausgelöst worden waren. Seit der Aufklärung des 18. Jahrhunderts hatte sich auch der Fortschrittsglaube herausgebildet, der geistesgeschichtlich im liberalen Kapitalismus und im sozialistischen Marxismus zu seiner größten geschichtlichen Wirksamkeit gekommen war.

Der Kapitalismus ist am Profit des Leistungsfähigen auf Kosten der großen Allgemeinheit interessiert. Ihm erscheint die auf Solidarität und soziale Gerechtigkeit aufgebaute christliche Gesellschaftslehre als Ausfluss einer weltfremden Ethik, die von den harten Gesetzen des Marktes aus dem Feld geschlagen wird. Der Marxismus meint, den Gegensatz von Kapital und Arbeit durch die gewaltsame Herstellung einer klassenlosen Gesellschaft auflösen zu können. Christliche Liebestätigkeit wird denunziert als Stabilisierung der ungerechten Gesellschaftsordnung, als Gewissenberuhigung der Machthaber.

Beide Systeme haben bei all ihrem politischen Gegensatz aber eines gemeinsam: ihre Inhumanität.

Die christliche Gesellschaftslehre orientiert sich nicht an unerreichbaren Utopien. Sie geht davon aus, dass in der Gesellschaft Gerechtigkeit und Solidarität durch vernünftiges Handeln auf der

Basis der Rechtsordnung approximativ herbeizuführen sind. Die Kirche als Sakrament des Heils hat keinen unmittelbaren politischen Auftrag. Sie kann sich nicht an die Stelle des Staates setzen, der in der politischen Auseinandersetzung der gesellschaftlichen Gruppierungen und bei Beteiligung aller Bürger eine gerechte soziale Ordnung herzustellen hat. „Gerechtigkeit ist Ziel und daher auch inneres Maß aller Politik" (Art. 28). Was der Staat nicht leisten kann, wozu aber die Christen als einzelne und die Kirche als Gemeinschaft berufen ist, das ist die Erfahrbarmachung der Liebe in der Gottes- und Nächstenliebe.

Es ist die wichtige Aufgabe der Laien, in Beruf und Politik am Aufbau gerechter Strukturen mitzuwirken. Da Gerechtigkeit und Solidarität sich aus der gemeinsamen menschlichen Vernunft erschließen, darum ist auch eine Zusammenarbeit mit Menschen anderer religiöser oder rein humanistischer Gesinnung möglich und geboten. Dazu gehört auch eine gute Zusammenarbeit der caritativen Einrichtungen der Kirche mit staatlichen und freien Organisationen.

Niemals aber wird eine noch so optimale Gesellschaftsordnung alles Leiden der Menschen aus der Welt schaffen können. Hier hat das caritative Handeln jedes Christen und der organisierten Hilfstätigkeit der kirchlichen Institutionen seinen Ort. Bei der konkreten Liebestätigkeit geht es um die Erfahrung der Liebe Gottes zum Menschen in seiner geistig-religiösen, seiner seelischen und körperlichen Not.

Menschen sollen durch die Vermittlung derer, die in christlichem Namen tätig sind, erfahren, dass in aller irdischen Gebrechlichkeit die Würde des Menschen unverlierbar bleibt, weil sie aus der Liebe Gottes hervorgeht und in sie einmündet.

5. Die Liebe Christi drängt uns: Von der Liebe zum Nächsten

Wir brauchen die Schärfung des spezifischen Profils der kirchlichen Liebesstätigkeit. Gegenüber der Denunziation christlicher Liebestätigkeit durch den Marxismus ist die ideologiefreie und unverzweckte Herkunft der caritativen Motivation hervorzuheben. Warum helfen wir denn wie der barmherzige Samariter dem, der unter die Räuber gefallen war? Wir räsonieren in diesem Moment nicht über eine bessere polizeiliche Überwachung, sondern wir haben als Menschen ein aus unserer gottgeschaffenen Natur hervorquellendes Mitleid, das uns konkret, jetzt und gerade diesem konkreten Menschen helfen lässt. Die Liebe Christi drängt uns (2 Kor 5,14), so sagen wir es als Christen.

Aber wir helfen ohne geheime Absichten dem Nächsten, einfach weil er unser Nächster ist. Darum verzwecken wir die praktizierte Nächstenliebe nicht und machen sie zu einem Mittel des Proselytismus. Der erfahrene Christ weiß, wann er von Gott sprechen und wann er von Gott schweigen soll. Das wortlose Beispiel ist manchmal das beste Zeugnis für die Liebe Gottes, die auch zum Glauben an Gott und zur Erfahrung der Liebe Christi in der Gemeinschaft seiner Kirche führen kann.

Die beste Verteidigung Gottes und des Menschen besteht eben in der Liebe (Art. 31c). Die Kirche als ganze ist Subjekt des caritativen Handelns, so wie sie auch Subjekt des Glaubensbekenntnisses und der Feier der Sakramente bleibt.

Wer beruflich den Liebesdienst der Kirche vollzieht, muss sich vor zwei entgegengesetzten Gefahren hüten. Einmal gibt es die Versuchung, auf irrlichternde Ideologien hereinzufallen, die vorgeben, eine Lösung aller Probleme herbeizuführen, indem der Mensch das in die Hand nimmt, was der Weltregierung Gottes bisher nicht gelungen sei. Es gibt aber auch die Gefahr der Resignation, weil wir allezeit Arme und Notleidende unter uns haben. Alle Spenden und Einsätze scheinen wie hineingeschüttet in ein Fass ohne Boden. Damit wir weder hochmütig-totalitär und sogar terroristisch werden im Namen Gottes oder des Guten noch auch uns beleidigt in das Schneckenhaus des eigenen kleinen Glücks zurückziehen, bedarf all unser Einsatz für den Nächsten des Gebetes. Das Gebet bewahrt vor blindem Aktionismus und fanatischem Weltverbesserertum.

> „Eine echt religiöse Grundhaltung vermeidet, dass der Mensch sich zum Richter Gottes erhebt und ihn anklagt, das Elend zuzulassen, ohne Mitleid mit seinen Geschöpfen zu verspüren. Wer sich aber anmaßt, unter Berufung auf die Interessen des Menschen gegen Gott zu kämpfen – auf wen soll er sich verlassen, wenn das menschliche Handeln sich als machtlos erweist?" (Art. 37).

Mit Jesus, der ohnmächtig seine Todesnot und Verlassenheit in Gott hinein geschrieen hat am Kreuz und der vom Vater erhört und in der Auferstehung gerechtfertigt wurde, sterben auch wir hinein in die Hoffnung, die ewiges Leben in der Liebe des dreifaltigen Gottes schenkt.

In dieser historischen Stunde, in der die Menschheit geistig erneut an einer Wegscheide steht, müssen auch wir uns entscheiden zwischen Liebe und Hass, zwischen Leben und Tod. Wir sind überzeugt, dass im Tiefsten die Gründe für den Säkularismus oder die innere Distanzierung vieler von der christlichen Überlieferung nicht intellektuelle Schwierigkeiten mit einzelnen Glaubenslehren der Kirche sind, sondern ein mangelndes Vertrauen in die weltverändernde und Hoffnung gebende Kraft der Liebe Gottes.

Das Christentum wird bei uns wieder neu an Kraft gewinnen, der Glaube wieder als Geschenk erfahren, wenn wir begreifen, dass Gott die Liebe ist.

> Die Liebe, so sagt es der Papst „ist das Licht – letztlich das einzige –, das eine dunkle Welt immer wieder erhellt und uns den Mut zum Leben und zum Handeln gibt. Die Liebe ist möglich, und wir können sie tun, weil wir nach Gottes Bild geschaffen sind. Die Liebe zu verwirklichen und damit das Licht Gottes in die Welt einzulassen – dazu möchte ich mit diesem Rundschreiben einladen" (Art. 39).

Wenn das Salz des Evangeliums „dumm“ geworden ist

Zu Joseph Ratzingers / Papst Benedikts XVI. Verhältnisbestimmung von Glaube und Vernunft

Michael Schulz

Dieser Beitrag erörtert die von Joseph Ratzinger entwickelte Verhältnisbestimmung von Glaube und Vernunft und den sich dabei abzeichnenden Begriff der Vernunft, indem die getroffene Zuordnung von Glaube und Vernunft mit einer überraschenden Kritik konfrontiert wird.

1. Joseph Ratzingers Hymne an die Vernunft

Ein „gesalzenes“, polemisches Wort ist von Georg Wilhelm Friedrich Hegel (1770–1831) überliefert. In seiner ersten religionsphilosophischen Vorlesung, die er 1821 in Berlin hält, macht er die Feststellung: Das Salz des Evangeliums ist „dumm geworden“.[1] Zum dummen Salz erklärt der Philosoph des Luthertums die geistigen Produkte der wahrheits- und kampfesscheuen Theologie seiner Zeit. Die wissenschaftliche Theologie seiner evangelischen Kirche sieht er weithin keinen intellektuellen Finger rühren, um der breit angelegten Aufklärungskritik am Zentrum des christlichen Glaubensbekenntnisses entgegenzutreten: der Kritik am Trinitätsdogma. Man betreibe historische Forschung, wisse alles und jedes. Aber Jesus, den Sohn Gottes, erkenne man nicht. Jesus werde auf das Ni-

1 Georg Wilhelm Friedrich Hegel, Vorlesungen über die Philosophie der Religion, Teil 3: Die vollendete Religion, hg. v. Walter Jaeschke, Hamburg 1984, 95.

veau eines Weisheitslehrers im Gewand des Sokrates herabgestuft. Derart umgekleidet, ist Jesus aus Nazaret weniger anstößig, eher eine mythische Figur aus himmlischen Höhen. Gegen theologische Schalheiten setzt Hegel das Salz der Vernunft. Man könne nämlich zeigen, dass Vernunft und Logos in der Religion ist, gerade im Trinitätsdogma.[2]

Wenn es ein Thema gibt, dass Hegel und Joseph Ratzinger / Papst Benedikt XVI. verbindet, dann diese Überzeugung von der Bedeutung der Vernunft, vom Primat des Logos für den Glauben. In einem sehr ausführlichen Vorwort zur Neuausgabe seines Bestsellers *Einführung in das Christentum* aus dem Jahr 2000 erläutert der damalige Präfekt der Glaubenskongregation: „Logos heißt Vernunft, Sinn, aber auch Wort."[3] Im Blick auf den Johannes-Prolog identifiziert Ratzinger den Logos mit Gott. Das hat Konsequenzen für das Verständnis von Welt und Mensch: „Der Gott, der Logos ist, verbürgt uns die Vernünftigkeit der Welt, die Vernünftigkeit unseres Seins."[4] Ähnlich liest man bei Hegel „Alles ist *Begriff*", alles ist das „Vernünftige"[5]. Weiterhin spricht Ratzinger von der „Gottgemäßheit der Vernunft" und der „Vernunftgemäßheit Gottes".[6] Epistemologisch einschränkend setzt er hinzu: „auch wenn seine [Gottes] Vernunft die unsere unendlich überschreitet und für uns so oft wie Dunkel erscheinen mag".[7] Diesen Vernunftoptimismus wendet Kardinal Ratzinger ins Existentielle und Ethische: Die Welt ist „positiv",

2 Vgl. Georg Wilhelm Friedrich Hegel, Vorlesungen über die Philosophie der Religion, Teil 1: Einleitung. Der Begriff der Religion, hg. v. Walter Jaeschke, Hamburg 1983, 67ff., 76ff.; vgl. ebd. Teil 3: Die vollendete Religion, 269: Die Religionsphilosophie habe zu zeigen, dass „Vernunft darin ist", d.h. in der Religion.

3 Joseph Ratzinger, Einführung in das Christentum. Vorlesungen über das Apostolische Glaubensbekenntnis. Mit einem neuen einleitenden Essay, München [5]2005, 23. Wichtige Texte jüngerer Zeit zum Thema fides et ratio nach Kardinal Ratzinger und Papst Benedikt XVI. bietet der Sammelband Benedikt XVI., Gott und die Vernunft. Aufruf zum Dialog der Kulturen, Augsburg 2007.

4 Joseph Ratzinger, Einführung in das Christentum (Anm. 3), 23.

5 Georg Wilhelm Friedrich Hegel, Enzyklopädie der philosophischen Wissenschaften (Werke 8: 331f.), Frankfurt/M. 1986, §183.

6 Joseph Ratzinger, Einführung in das Christentum (Anm. 3), 23.

7 Ebd.

„trotz all des Bösen in ihr".[8] Die Herkunft des Menschen aus Gottes Vernunft und Logos begründet den „Ethos als Ver-antwortung, als Antwort auf das Wort"[9]. Schließlich kommt Ratzinger auf die interkulturelle und interreligiöse Relevanz der Vernunft zu sprechen: Die Logos-Vernunft verpflichte zum „Auftrag ..., nach einem gemeinsamen Verstehen von Verantwortung mit aller redlich fragenden Vernunft und mit den großen religiösen Traditionen der Menschheit zu suchen. Es gibt da nicht nur die innere Nähe der drei großen Monotheismen, sondern auch bedeutende Konvergenzen mit einem anderen Strang asiatischer Religiosität, wie er uns im Konfuzianismus und Taoismus begegnet."[10] Ähnliche Thesen zur vernunft- und logosgestützten Interkulturalität trug Ratzinger schon 1999 an der Sorbonne vor.[11] Auch am Ende der Regensburger Vorlesung vom 12. September 2006 über Glauben, Vernunft und Universität steht die Einladung in den „großen Logos, in diese Weite der Vernunft", in der der „Dialog der Kulturen" möglich sein soll.[12]

Ratzinger – ein neuer Hegel? Ein neuer Vernunftglaube als Würzsalz für das Evangelium in einer schalen Zeit, in der das philosophische Denken – so der Vorwurf – wiederum in die Historie flüchten kann, um der Wahrheitsfrage auszuweichen, oder sich postmodern in der Pluralität der Diskurse verliert, um sich im Biotop des kleinen Narrativs einzurichten in kontrastreicher Spannung zum globalen Zeitalter mit universalem Anspruch?[13] Welchen Vernunftbegriff entwickelt Ratzinger im Beziehungsgeflecht von *fides et ratio*?

8 Ebd., 24.

9 Ebd., 25.

10 Ebd.

11 Vgl. Joseph Ratzinger, Der christliche Glaube und die Weltreligionen, in: Joseph Kardinal Ratzinger, Vom Wiederauffinden der Mitte. Grundorientierungen. Texte aus vier Jahrzehnten, hg. vom Schülerkreis, Redaktion Stephan Otto Horn u.a., Freiburg – Basel – Wien 1997, 60–82; auch abgedruckt in: Joseph Ratzinger/Benedikt XVI, Glaube – Wahrheit – Toleranz. Das Christentum und die Weltreligionen, Freiburg ^{4}2005, 131–147 und in Gott und die Vernunft, 21–42.

12 Benedikt XVI., Glaube, Vernunft und Universität. Erinnerungen und Reflexionen, in: ders., Glaube und Vernunft. Die Regensburger Vorlesung, Freiburg 2006, 32.

13 Vgl. Joseph Ratzinger/Benedikt XVI, Glaube – Wahrheit – Toleranz (Anm. 11),

2. Die von Glaube und Theologie geläuterte Vernunft

Am 24. Juni 1959 hielt der damals neu ernannte Fundamentaltheologe Joseph Ratzinger an der Bonner Universität seine Antrittsvorlesung mit dem Titel *Der Gott des Glaubens und der Gott der Philosophen. Ein Beitrag zum Problem der theologia naturalis*. Im Juni 2004, 45 Jahre später, schreibt der Präfekt der Glaubenskongregation in einem Vorwort zur Neuausgabe der Vorlesung: Bei der erneuten Lektüre des Vorlesungstextes „wurde mir erst vollends bewusst, wie sehr die damals gestellten Fragen bis heute sozusagen der Leitfaden meines Denkens geblieben sind“. Gemeint ist die Frage „nach dem Verhältnis von Glaube und Vernunft“. Der Kardinal setzt eine Frage hinzu, die zu erkennen gibt, wie er sich die Verhältnisbestimmung von Glaube und Vernunft vorstellt, worauf es ihm dabei ankommt; er gibt zu bedenken: „Welche Art von Vernünftigkeit eignet dem christlichen Glauben?“[14] Folgt aus dieser Frage die Annahme einer Pluralität von Vernunftarten?

Hegel hätte auf Ratzingers Frage nur antworten können: Die Art der Vernünftigkeit des christlichen Glaubens ist identisch mit der allgemeinen Art von Vernünftigkeit überhaupt. Das Christentum ist die vollendete und absolute Religion, weil es die nicht mehr zu überbietende Manifestation der absoluten und der allgemein-menschlichen Vernunft darstellt.[15]

Diese Antwort gibt in gewisser Weise auch Ratzinger in seiner Antrittsvorlesung. Er arbeitet heraus, dass die frühe Kirche an die monotheistisch ausgerichtete *theologia naturalis* des griechischen Denkens anknüpfte, nicht aber an die polytheistische mythische Theologie der Dichter, ebenso wenig an die politische Theologie des

153ff., 168f.; Benedikt XVI., Botschaft zur Feier des Weltfriedenstages, 01.01. 2007, Nr. 11 und 12.

14 Joseph Ratzinger/Benedikt XVI., Der Gott des Glaubens und der Gott der Philosophen. Ein Beitrag zum Problem der theologia naturalis, hg. v. Heino Sonnemans, Leutesdorf, 2. ergänzte Auflage 2005, 7f.

15 Vgl. Hegel, Die vollendete Religion (Anm. 1), 180f.

Staates. Das Christentum stellt sich damit in die Tradition des religionskritischen Denkens der griechischen Aufklärung. Diese Positionierung des Glaubens legitimiert Ratzingers Feststellung: „Im Christentum ist Aufklärung Religion geworden"[16]. Konzeptionelles und für die Mission bedeutsames Ziel der gedanklichen Anknüpfung an die religionskritische natürliche Theologie der Philosophie war es, mittels der allgemeingültigen Vernunft die Allgemeingültigkeit des christlichen Glaubens unter Beweis zu stellen.[17] In seiner Regensburger Vorlesung und in vielen anderen Publikationen wiederholt Ratzinger sein Credo in die providentielle Einheit von griechischer Philosophie und christlichem Glauben – eine Einheit, die bereits im hellenistisch geprägten Diasporajudentum ihren Ausgangspunkt nahm.[18] Diese biblisch belegte Einheit erweist die universelle Rationalität des Glaubens von seinen eigenen Ursprüngen her, bestätigt den Primat des Logos in ureigenen Glaubenssachen – bekräftigt theologisch Hegels religionsphilosophisches Ansinnen, die Vernunft in der Religion zu eruieren.

In der antiken und im Mittealter weiterentwickelten Synthese von philosophischer Vernunft und Dogma liegt nach Ratzinger auch das Potential für eine kritische Anknüpfung des christlichen Selbstverständnisses an den – das Christentum allerdings oft in Frage stellenden – Vernunftoptimismus der europäischen Aufklärung, hinter die Ratzinger nicht gedanklich zurückkehren möchte[19].

16 Joseph Ratzinger/Benedikt XVI., Glaube – Wahrheit – Toleranz (Anm. 11), 137; vgl. ebd., 139: „Die Aufklärung kann Religion werden, weil der Gott der Aufklärung [durch das Christentum] selbst in die Religion eingetreten ist."

17 Vgl. Joseph Ratzinger/Benedikt XVI., Der Gott des Glaubens (Anm. 14), 23–33.

18 Vgl. Joseph Ratzinger Einführung in das Christentum (Anm. 3), 126–137; Joseph Ratzinger/Benedikt XVI., Glaube – Wahrheit – Toleranz (Anm. 11), 123–126, 135–145, 162; Benedikt XVI., Glaube, Vernunft und Universität (Anm. 12), 19–22.

19 Vgl. Joseph Ratzinger/Benedikt XVI., Glaube – Wahrheit – Toleranz (Anm. 11), 146. Vgl. Ulrich Ruh, Joseph Ratzinger – der Kritiker der Moderne, in: Frank Meier-Hamidi/Ferdinand Schumacher (Hg.), Der Theologe Joseph Ratzinger (QD 222), Freiburg 2007, 119–128; s. auch Thomas Söding, Die

Auch im Blick auf die Moderne also bildet der christlich-griechische Vernunft-Logos den perspektivischen Fluchtpunkt, von dem aus Ratzinger denkt und auf den hin er alles vereint. Wie angedeutet, spricht er dem Terminus *Logos* eine beeindruckende semantische Breite zu: Logos ist Gott, Vernunft, Verstand, Sinn, Ethos, Bauplan der Welt, menschgewordenes Wort, interkultureller und interreligiöser Logos. Auch Hegel bündelt alles Denken und Sein in dem einen Logos, den er den absoluten Geist nennt; aus der Selbstvermittlung dieses Geistes gehen Natur- und Geisteswelt hervor; auf ihn strebt alles hin. Positioniert sich Ratzinger demnach als ein idealistischer Systemdenker, der von einem Ausgangspunkt – vom Logos – alles Sein und Denken deduziert?

Wie schon vorausgeschickt, übt Ratzinger – darin Hegel gleich – Kritik an einer Philosophie, die sich an den großen metaphysischen Fragen vorbeidrückt. Mehr noch wendet er sich gegen eine Theologie, die für die semantische Weite des Logos zu eng, zu einseitig geworden ist. In seinem „Geburtstags-Buch" *Jesus von Nazareth* rekapituliert er seine schon zuvor immer wieder geäußerte Kritik an der historisch-kritischen Methode – oder präziser gesagt: an einer oft unreflektierten Philosophie hinter dieser und in dieser Methode. Diese Philosophie verleite zu einem konzeptionellen Ausschluss des göttlichen Handelns aus der Geschichte, so dass in letzter Zuspitzung der Disput um die Schrifthermeneutik zur „Frage nach dem Gottesbild" wird, zur Frage nach der Möglichkeit der Geschichte Israels und der Inkarnation[20]. Aus der Bestreitung dieser Möglichkeit erwächst der interpretatorische Zwang zur mythischen Qualifikation der biblischen Praesymbola (1 Kor 15,3–5) und der überlieferten Erzählungen (Wunder, Auferstehung) sowie der dogmatischen Definitionen (Christologie, Trinität). Will man der Konsequenz des Atheismus entgehen, bleibt nur der Ausweg einer philosophischen Umdeutung der christlichen Mythen.

Lebendigkeit des Wortes Gottes. Das Verständnis der Offenbarung bei Josef Ratzinger, in: ebd., 12–55, bes. 51–55.

20 Joseph Ratzinger/Benedikt XVI., Jesus von Nazareth. Erster Teil: Von der Taufe im Jordan bis zur Verklärung, Freiburg – Basel – Wien 2007, 65.

Ratzinger wendet sich in diesem Zusammenhang gegen Rudolf Bultmanns Entmythologisierungsprogramm, das das biblische Weltbild dem Mythos zuordnet und eine existenziale Neudeutung des christlichen Kerygmas im Rahmen der von den Naturwissenschaften dominierten Weltanschauung propagiert[21]. Dabei zeigt Ratzinger durchaus Verständnis für die Notwendigkeit, etwa die mythische Vorstellungsform des biblischen Schöpfungsberichtes in systematischen Aussagen der gegenwärtigen Theologie über die Erschaffung der Welt durch Gott zu überwinden. Dennoch bleibe der Glaube der Kirche der entscheidende Maßstab jeder Entmythologisierung, nicht ein jeweils aktuelles Weltverständnis – zumal dieses nicht a priori frei ist von anderen Mythen, etwa von dem Anspruch, mit naturwissenschaftlichen Methoden eine definitive Enträtselung aller Wirklichkeit zu erreichen.

Ratzingers philosophische Vorüberlegungen zur historischen Methode zielen auf die Einsicht, dass nicht schon jede Rede von Gottes Handeln in der Geschichte als mythische Vorstellung zu qualifizieren ist und sich deshalb nicht der Glaube auf eine geschichtslose Relation auf Gott hin zusammenziehen muss. Ratzinger wendet sich gegen einen mit dem verkürzten Glaubensverständnis verbundenen anti-inkarnatorischen, doketischen Dualismus zwischen dem deutenden Wort des Glaubens und dem nackten „objektiven" historischen Faktum, das nicht von sich aus „Sinn-Träger"[22] zu sein vermag. Er betont die Seins- und Geschichtsmächtigkeit von Gottes Wort, das sich im menschlichen Wort-Ereignis darstellen kann, da das menschliche Wort an des Geistes transzendierender Dynamik teilhat. Auf der theologischen Linie des Zweiten Vatikanums unterstreicht Ratzinger die Offenbarung in der Einheit von

21 Vgl. dazu Joseph Ratzinger, Schriftauslegung im Widerstreit. Zur Frage nach Grundlagen und Weg der Exegese heute, in: ders. (Hg.), Schriftauslegung im Widerstreit (QD 117), Freiburg 1989, 15–44, bes. 31–34. Wegen Bultmanns Dogmatisierung des naturwissenschaftlichen Weltbildes war für ihn „die Ungeschichtlichkeit der Wunderberichte überhaupt keine Frage; man brauchte nur noch zu erklären, wie es zu Wundergeschichten kam." (32)

22 Ebd., 38.

Wort und Tat.[23] Wird also die Möglichkeit des heilsgeschichtlichen Handelns Gottes zugestanden, dann kann die historische Methode zu den Manifestationen führen, die für den Glaubenden dieses Handeln bezeugen: zu den durch das menschliche Wort vermittelten Selbsterweisen Gottes in der Geschichte. Vor diesem Hintergrund ist Papst Benedikts Angabe zur Architektur seines Jesus-Buches eine wissenschaftstheoretisch abgeklärte Aussage: „Das ist der Konstruktionspunkt dieses meines Buches: Es sieht Jesus von seiner Gemeinschaft mit dem Vater her, die die eigentliche Mitte seiner Persönlichkeit ist, ohne die man nichts verstehen kann und von der her er uns auch heute gegenwärtig wird."[24] Für den lutherischen Philosophen Hegel ist der katholische Papst höchst vernünftig, wenn er darauf insistiert, dass Gottes Logos in Jesus „ein Factum historicum" geworden ist. Theologische Wissenschaft verdient folglich nur dann das Prädikat „vernünftig", wenn sie für dieses „Herantreten Gottes in die reale Geschichte" methodisch gerüstet ist.[25]

3. Kritische Nachfragen

In dieses Hohelied auf Vernunft und Logos im Christentum, das an Hegels Vernunftoptimismus erinnert, stimmen viele ein,[26] jedoch nicht ohne weiteres jeder, was nicht überraschen dürfte.

23 Vgl. ebd., 38f.; DV 2.

24 Joseph Ratzinger / Benedikt XVI., Jesus von Nazareth (Anm. 20), 12.

25 Ebd., 14.

26 Vgl. z.B. die in jeder Hinsicht positive Würdigung von Kurt Hübner, Irrwege und Wege der Theologie in der Moderne. Ein kritischer Leitfaden zu einer Problemgeschichte, Augsburg 2006, 257–293; Alceste Santini, Le sfide del nuovo Papa. Laicità, relativismo, scienza, Turin 2006, 80–97; Michael Paul Gallagher, Allargare l'intelletto verso l'amore, in: La carità intellettuale. Percorsi culturali per un nuovo umanismo. Scritti in onore di Benedetto XVI, hg. v. Lorenzo Leuzzi, Rom 2007, 19–26; Rino Fisichella, Verità fede e ragione in J. Ratzinger, in: Path 6 (2007) 27–43.

3.1 Einwand: Überforderung der Vernunft durch die Belange des Glaubens

Die theologische Fakultät der Regensburger Universität präsentiert ein von ihrem Dekan Christoph Dohmen herausgegebenes Buch mit dem Titel *Die ‚Regensburger Vorlesung' Papst Benedikts XVI. im Dialog der Wissenschaften* (2007). In diesem Sammelwerk klingen Stimmen aus ganz unterschiedlichen Fakultäten zusammen und bringen dem Papst ein differenziertes Echo auf seine These über das Zusammenspiel von Glauben und der Vernunft zu Gehör.

Der katholische Dogmatiker Erwin Dirscherl erläutert zustimmend Benedikts Gedanken der Korrelationalität von *fides et ratio*, deren Differenz-Einheit schöpfungstheologisch durch das Analogieverständnis des Vierten Laterankonzils und christologisch durch das chalcedonensische „ungetrennt" und „unvermischt" der göttlichen und menschlichen Natur in Christus begründet sei.[27]

Regensburger Kollegen wie Rolf Busse und Hans Rott, Vertreter der analytischen Philosophie, geben zu verstehen: Die Philosophie könne nicht selber allgemeingültige sinnstiftende Einsichten begründen, wie sie im Glauben enthalten seien; das Generieren von Sinnpotentialen überfordere die begrenzten Möglichkeiten der Philosophie. Eine Überprüfung von philosophieunabhängigen Sinninstanzen und ihren Aussagen auf ihre Kohärenz hin sei jedoch

27 Vgl. Erwin Dirscherl, Die Überlegungen Benedikts XVI. zum Verständnis von Glaube und Vernunft. Analogie und Korrelationalität als Ermöglichung von Beziehung, in: Christoph Dohmen (Hg.), Die „Regensburger Vorlesung" Papst Benedikts XVI. im Dialog der Wissenschaften, Regensburg 2007, 27–37. Andreas Merkt erläutert in seinem Beitrag: Der Logos in einer logosfeindlichen Welt. Zur frühchristlichen Grundentscheidung für die Vernunft, ebd., 38–46, die von Benedikt als providentiell bezeichnete frühkirchliche Synthese von biblisch-christlichem Denken und griechischer Philosophie. Das Christentum zeige sich als Religion gewordene Aufklärung (s.o.). Alfons Knoll debattiert unter dem Titel Vernunft oder Gewalt? Gegenwärtige Monotheismuskritik im Licht der Regensburger Papstrede, ebd., 47–57, die Unzeitgemäßheit, aber zeitkritische Notwendigkeit eines Rationalitätskonzepts, dem sich der Monotheismus verpflichtet weiß und das nicht zuletzt die Begründung universeller Menschenrechte ermöglicht.

möglich. Grundsätzlich verschließe sich analytische Philosophie zwar nicht „letzten Fragen“; sie behandle aber alle Antworten wie alles andere auch mit denselben Mitteln. Sie wisse indessen, wie schwer es sei, schon auf vorletzte und eher weniger weit reichende Fragen eine intersubjektiv überzeugende Antwort zu geben.[28]

Andere arbeiten sich an dem Hinweis der Regensburger Vorlesung ab, dass unsere Vernunft erst noch zur Vernunft gebracht werden müsse durch ihre Ausweitung – durch Überwindung der „selbstverfügte[n] Beschränkung der Vernunft“,[29] d. h. durch Überwindung ihrer Reduktion auf den engen Horizont des Empirischen, des Mess- und Zählbaren, auf Technik und Know-how.

Sigmund Bonk kann in den vom Papst explizit und implizit angesprochenen und affirmierten philosophischen Thesen ein rational akzeptables Programm erkennen, das bleibend Wahres der platonisch-augustinischen, scholastischen und idealistischen Tradition fruchtbar macht, um sich den großen Menschheitsfragen unter der Rücksicht eines objektiven Wahrheitsbegriffs zu öffnen und um dadurch den Dialog mit den Wissenschaften und Religionen zu ermöglichen.[30]

Für den reformatorischen Theologen Markus Mühling hängt die geforderte Weitung der Vernunft mit der erbsündlichen Gebrochenheit des Menschen zusammen. Wegen ihrer Sündenverfangenheit

28 Rolf Busse / Hans Rott, Bedarf die moderne Philosophie einer Ausweitung des wissenschaftlichen Vernunftbegriffs?, in: Christoph Dohmen (Hg.), Die „Regensburger Vorlesung“ (Anm. 27), 86–99.

29 Benedikt XVI., Glaube, Vernunft und Universität (Anm. 12), 29. Vgl. sehr differenziert im Blick auf die Grenzen, die Endlichkeit und Bedingtheit der Vernunft sowie auf die unendliche Weite der Erkenntnis Rolf Schönberger, Weite der Vernunft. Philosophische Reflexionen über die Grenzläufe der Vernunft, in: Christoph Dohmen (Hg.), Die „Regensburger Vorlesung“ (Anm. 27), 131–142. Vgl. ebd., 143–157, die Beiträge von Alexander Thomas, Kann der Dialog der Kulturen dazu beitragen, „der Vernunft ihre ganze Weite wieder (zu) eröffnen“?, und von Herbert E. Brekle, „Weite der Vernunft“ in der universitas scientiarum, ebd., 160–164.

30 Vgl. Sigmund A. Bonk, „... der Vernunft ihre ganze Weite wieder eröffnen?“ Eine Nachfrage und der Versuch ihrer Beantwortung, in: ebd., 73–85.

sei die Vernunft auf äußere Instanzen angewiesen, um sich nicht selber zu verfehlen.[31]

Naturwissenschaftler beschreiben die Grenzen ihrer Wissenschaft, die aber nicht die Grenzen der Vernunft sein müssen, wenngleich es jenseits der wissenschaftlichen Grenzen schnell zu philosophischen Pattsituationen hinsichtlich der Entscheidbarkeit metaphysischer Fragen, z. B. über den Ursprung des Kosmos, kommen kann.[32]

Auch andere Wortmeldungen sind zu registrieren: Hinter das von Benedikt propagierte neue Zusammenfinden von Glaube und Vernunft setzt Jürgen Habermas ein großes Fragezeichen. Wer, wie der Papst laut Regensburger Vorlesung, „die Moderne nicht zurückdrängen" möchte,[33] könne sich nicht gegen das Faktum der zerbrochenen Synthese von Glaube und Vernunft stemmen; er müsse die säkulare Vernunft als Bezugspol des Glaubens akzeptieren. Diese säkulare Vernunft könne man aber nicht durch den Glauben erweitern.[34]

31 Vgl. Markus Mühling, Mut zur Weite der Vernunft. Thesen zum Verhältnis von Vernunft, Glaube, der universitas scientiarum und zum Dialog der Kulturen aus reformatorischer Sicht, ebd., 100–110. Vgl. auch den EKD-Vorsitzenden Bischof Wolfgang Huber, Glaube und Vernunft, in: FAZ, Nr. 253, 31.10.2005, S. 10: Das hamartiologisch-soteriologische Konzept der Vernunft schlägt sich in Hubers These nieder, dass eine nicht durch den Glauben aufgeklärte Vernunft nicht ihre Grenzen kenne und folglich maßlos werde. Eine antiprotestantische Stoßrichtung entnimmt Friedrich Wilhelm Graf, Eine Wissenschaft, die sich für das Ganze zuständig weiß, in: Süddeutsche Zeitung, Nr. 281, 06.12.2006, S. 16, der Vorlesung des Papstes aufgrund der Kritik der Reformation, welche die Einheit von griechischem Geist und Glauben aufgekündigt habe. Einen katholischen Kommentar zu den evangelischen Stellungnahmen zur Regensburger Rede bietet Walter Kasper, Glaube und Vernunft. Zur protestantischen Diskussion um die Regensburger Vorlesung von Papst Benedikt XVI., in: Stimmen der Zeit 132 (2007) 219–228.

32 Vgl. Wolfgang Gebhardt, Zufall und Notwendigkeit in der Kosmologie, in: Christoph Dohmen (Hg.), Die „Regensburger Vorlesung" (Anm. 27), 201–215.

33 Vgl. Benedikt XVI., Glaube, Vernunft und Universität (Anm. 12), 29.

34 Vgl. Jürgen Habermas, Ein Bewusstsein von dem, was fehlt. Über Glauben und Wissen und den Defaitismus der modernen Vernunft, in: Neue Zürcher Zeitung, 10.02.2007.

Auch Kurt Flasch bittet mit polemischem Unterton um Aufklärung darüber, was denn nun eigentlich eine erweiterte Vernunft auszeichne außer jenem harmonischen Zusammenklang von Vernunft und Glaube. Er wundert sich vor allem über das Schweigen der von den Papst-Events offenbar paralysierten Protestanten und frommen bibeltreuen Katholiken, die im Namen von Paulus und Pascal gegen diese Harmonisierung von Vernunft und Glaube vehement Sturm laufen müssten: Nach Paulus ist das Kreuz für griechische Weisheitsliebe eine Torheit[35]. Auch der Exeget Klaus Berger, Flaschs biblische Mahnungen referierend, äußert sich überrascht über soviel Griechenland im Heiligen Land[36].

Ein eigenes Thema ist die Verhältnisbestimmung von Glaube und Vernunft sowohl im Zusammenhang der eine weltweite Diskussion auslösenden Äußerung des Papstes zum Islam[37] als auch in

35 Vgl. Kurt Flasch, Von Kirchenvätern und anderen Fundamentalisten. Wie tolerant war das Christentum, wie dialogbereit ist der Papst? Der Schlüssel liegt in der Regensburger Vorlesung, in: Süddeutsche Zeitung, 17.10.2006, S. 11.

36 Vgl. Klaus Berger, Jesus predigt keine Werte. Ist das Christentum so, wie der Papst behauptet?, in: FAZ vom 15.12.2006, Nr. 292, S. 44. Berger setzt verschiedene „Spielarten" der Vernunft voraus; gefährlich sei vor allem eine totalitäre Vernunft, die für den Glauben keinen Platz mehr lasse.

37 Beachtenswert ist der offenen Brief von achtunddreißig Exponenten des Islam an den Papst als Antwort auf dessen Vorlesung und auf die heftigen Reaktionen in der muslimischen Welt wegen der islamkritischen Zitate des byzantinischen Kaisers Manuel II Paläologos in der Vorlesung (abgedruckt in: Die Tagespost vom 19.10.2006, Original: http://www.islamicamagazine.com/online-analysis/open-letter-to-pope-benedict-xvi.html). In diesem Schreiben wird die relative Bedeutung der Vernunft für den Islam hervorgehoben. Damit wird eine Brücke zum Christentum geschlagen, das Gott niemals ohne Vernunft denken kann. Die Vorlesung des Papstes konnte zumindest den Eindruck erwecken, dass der Islam eine eindeutige Vernunftorientierung vermissen lässt, und zwar wegen seines ins Voluntaristische hineinreichenden Gottesverständnisses. Für dieses voluntaristische Gottesverständnis sprechen zumindest die Thesen des andalusischen Gelehrten Ibn Hazm, die der Papst zitierte. Die 38 muslimischen Gelehrten qualifizieren Ibn Hazm jedoch als „Randfigur". Sie verweisen auf Al-Ghazali und dessen Lehre von der Transzendenz Gottes. Allerdings ist Al-Ghazali selber eine eher schillernde Figur. Seine Kenntnis der Philosophie führte ihn zu einem religiös motivierten skeptischen Verhältnis ihr gegenüber. Die Würde des Verstandes liege darin,

Bezug auf seine Feststellung, dass das Spätmittelalter durch einen Hang zum Voluntarismus gekennzeichnet sei;[38] mit dieser Feststellung sollte die islamisch-kritische Stellungnahme austariert werden. Die Glaube-Vernunft-Thematik wird ebenso durch die Ausführungen des Papstes zur Hellenisierungs- und Enthellenisierungsproblematik angesprochen sowie durch seine Anmerkungen zu Immanuel Kant, worauf im einzelnen nicht eingegangen werden kann.[39]

Die Zusammenfassung dieser Stellungnahmen ergibt: Der Papst ist „zu vernünftig", er traut der Vernunft zuviel zu. Dieses Vertrauen in die Vernunft drückt sich auch noch in seinem Appell aus, die Vernunft auszuweiten, sie durch den Glauben sozusagen vor Enge und Schwäche, vor dem scharfen Wind der Skepsis, vor einer Flucht in die bloße Historie und das „Spiegelkabinett der Interpretationen"[40] zu schützen, damit die Vernunft auch wirklich alles zu umfassen und zu durchdringen vermag – in Entsprechung zum Logos Gottes, durch den alles vernunftgemäß erschaffen ist.

so gibt er zu verstehen, den Menschen zum bedingungslosen Gehorsam gegenüber Gott anzutreiben. Vgl. Al-Gazali, Der Erretter aus dem Irrtum. Aus dem Arabischen übersetzt von A. A. Elschazli, Hamburg 1988, 40ff., 55ff.; s. dazu Tilman Nagel, Geschichte der islamischen Theologie. Von Mohammed bis zur Gegenwart, München 1994, 185f., 289. Zur Diskussion vgl. Adel Theodor Khoury, Ist Gott ein absoluter, ungebundener Wille? Bemerkungen zum islamischen Voluntarismus, in: Benedikt XVI., Glaube und Vernunft, 77–96, und Karl Kardinal Lehmann, Chancen und Grenzen des Dialogs zwischen den „abrahamitischen Religionen", in: ebd., 97–133.

38 Diesen Voluntarismusvorwurf an die Adresse von Johannes Duns Scotus entkräftet Alex Schmidt, Was uns die Philosophie und Theologie des Johannes Duns Scotus zu denken gibt (Vortrag während des Actus academicus der PTH am 08.12.2006 im Kapuziner-Kloster Münster http://www.pth-muenster.de/view.php?nid=126&PHPSESSID=13a6b7a7f0c09933f1bf2f56fd779f07) (02.07.2007) Vgl. auch im Blick auf Wilhelm von Ockham den Beitrag von Hubert Schröcker, Wilhelm von Ockham, in: Münchener Theologische Zeitschrift 57 (2006) 65–77, bes. 71ff.

39 Zu Kants Freiheitsphilosophie in Benedikts Rede vgl. Magnus Striet, Benedikt XVI., die Moderne und der Glaube. Anmerkungen zur Regensburger Vorlesung des Papstes, in: Herder-Korrespondenz 60 (2006) 551–554.

40 Joseph Ratzinger / Benedikt XVI., Glaube – Wahrheit – Toleranz (Anm. 11), 153.

3.2 Einwand: Unterforderung der Vernunft durch die Belange des Glaubens

Das Vertrauen des Papstes in die Vernunft stößt aber auch auf eine eher unerwartete Kritik. Danach traut der Papst der Vernunft nicht wirklich über den Weg. Der Bonner Schüler Ratzingers, Hansjürgen Verweyen, emeritierter Fundamentaltheologe aus Freiburg, und der Münsteraner Philosoph und Priester des Bistums Regensburg, Klaus Müller, stellen die Frage, ob nicht zu wenig „starke Vernunft" in Ratzingers Ansatz zu finden sei. Nach ihrer Einschätzung denkt Ratzinger auf keinen Fall in der Nähe zu Hegel, sondern weit entfernt davon verfolgt er das Konzept einer geradezu postmodernen „schwachen Vernunft", zu deren Stärkung der Glaube notwendig ist. Nach dieser Einschätzung ist es Ratzinger, der das intellektuelle Salz des Evangeliums schal werden lässt.

Verweyen fasst seine Kritik an Ratzinger in seinem 2007 erschienenen Buch über den Denkweg des neuen Papstes zusammen.[41] Diese Kritik ist von besonderer Brisanz, weil sie einer recht deutlichen Kritik Ratzingers am Ansatz seines Schülers entspricht,[42] wenngleich sie, wie Klaus Müller herausarbeitet,[43] eher indirekt erfolgt: durch

41 Hansjürgen Verweyen, Joseph Ratzinger – Benedikt XVI. Die Entwicklung seines Denkens, Darmstadt 2007; zu Folgendem bes. 27–34, 99–113.

42 Mancher mag vermuten, eine typische, von Eitelkeiten nicht ganz freie „Emanzipationsproblematik" zwischen Lehrer und Schüler befeuere den intellektuellen Disput, der auch schon hinsichtlich anderer Themen zu vernehmen war, was Verweyen in seinem Ratzinger-Buch nicht verschweigt, z.B. die Debatte über den Weltkatechismus: Hansjürgen Verweyen, Joseph Ratzinger – Benedikt XVI. (Anm. 41), 28. Vgl. die Besprechung von Verweyens Ratzinger-Buch durch Michael Karger in: Die Tagespost vom 15.05.2007, 14. Der Rezensent endet mit der lapidaren Feststellung: „Insgesamt handelt es sich weniger um eine ausgewogene Darstellung der Theologie Ratzingers als um die gesammelten Einwände Verweyens gegen Ratzinger. Erschlossen wird weniger der Denkweg Ratzingers als der des Verfassers." Zu Verweyen als Schüler Ratzingers vgl. John L. Allen, Joseph Ratzinger, Düsseldorf ^{2}2005, 83f.

43 Vgl. Klaus Müller, Über das rechte Verhältnis von Philosophie und Theologie. Josef Pieper im Kontext einer neu entfachten Debatte, in: Hermann Fechtrup/ Friedbert Schulze/Thomas Sternberg (Hg.), Die Wahrheit und das Gute (Dokumentationen der Josef Pieper Stiftung; 4), Münster 1999, 75–93, hier 76f.

Kritik an religionsphilosophischen Überlegungen von Karl-Heinz Menke, der zentrale Intuitionen der von Verweyen und auch Thomas Pröpper initiierten transzendentallogischen Letztbegründung unbedingten Sinns als autonomes Vernunftkriterium für religiöse Wahrheitsansprüche rezipiert und zu seinem eigenen begründungstheoretischen Anliegen macht.[44] Müller kommt seinerseits zu dem

44 Menke entwickelt seine Thesen zum Vernunftbegriff von einem endgültigen, absoluten Sinn in seiner Schrift gegen das Programm der Religionspluralistischen Schule (John Hick, Paul Knitter): Die Einzigkeit Jesu Christi im Horizont der Sinnfrage, Freiburg 1995, 111–128. Menkes Kritik des Religionspluralismus greift Ratzinger positiv auf (vgl. Joseph Ratzinger/Benedikt XVI., Glaube – Wahrheit – Toleranz (Anm. 11), 95f. Anm. 68) und bestimmte nicht zuletzt die Pluralismuskritik in der Erklärung der Glaubenskongregation Dominus Iesus vom 6. August 2000. Ratzinger äußert jedoch Kritik an Menkes und damit an Verweyens Letztbegründungsversuch, ansatzweise in Glaube – Wahrheit – Toleranz, 95f. Anm. 68, vor allem aber in einer längeren Anmerkung seines Beitrags Zur Lage von Glaube und Theologie heute in: Internationale katholische Zeitschrift (Communio) 25 (1996) 359–372, hier 372. Diese Fußnote fehlte bei der erstmaligen Veröffentlichung (Osservatore Romano. Wochenausgabe Nr. 47), wie Müller, Über das rechte Verhältnis, 76, belegt. Ratzinger bestreitet Möglichkeit und Sinn des Versuchs einer „vermeintlich völlig glaubensunabhängige[n] rationale[n] Grundlegung des Glaubens“; dieser Versuch kann wegen seiner „puren abstrakten Rationalität nicht überzeugen“. In dieser abstrakten Rationalität liege „der wesentliche philosophische Irrtum“ von Menkes Letztbegründungsunternehmen, das Verweyens Ansatz verpflichtet ist. Seinen Ansatz hat Verweyen dargelegt in seiner mehrfach aufgelegten und retraktierten Fundamentaltheologie Gottes letztes Wort. Grundriß der Fundamentaltheologie, Regensburg ^{4}2002. Erwähnenswert ist, dass Kardinal Ratzinger in der erneuten Veröffentlichung desselben Textes im Jahr 2003 in Glaube – Wahrheit – Toleranz, 93–111, diese Anmerkung (wieder) vollständig gestrichen hat (vgl. ebd. 110). Vgl. hingegen die „bei aller Bewunderung für das Leben und Denken Joseph Ratzingers“ auf „eine logische Inkonsistenz“ hinweisenden Repliken von Menke, Die theologischen Quellen der Enzyklika „Deus Caritas est“, in: Trierer Theologische Zeitschrift 116 (2007) 144–164, hier 161–164, und schon zuvor ders., Wahrheit und Geschichte, Theorie und Praxis. Fragende Erinnerungen eines „Achtundsechzigers“, in: Theologie und Glaube 96 (2006) 148–170, hier 154–157. Zur Debatte vgl. die Dissertation des Schülers von Menke, Paul Platzbecker, Radikale Autonomie vor Gott denken. Transzendentalphilosophische Glaubensverantwortung in der Auseinandersetzung zwischen Hansjürgen Verweyen und Thomas Pröpper (ratio fidei 19), Regensburg 2003, 22ff., Anm. 12. Platzbecker hebt

Ergebnis, dass die massive Kritik Ratzingers an Verweyens Ansatz und Ratzingers eigene Verhältnisbestimmung von Glaube und Vernunft bedingt ist durch die Rezeption entsprechender Thesen des Münsteraner Philosophen Josef Pieper, demzufolge nur der christliche Glaube die Vernunft unverstellt zu sich bringt.[45]

Exakt auf die Problematik einer Relativierung der Vernunft durch den Glauben macht Verweyen in seiner jüngsten Veröffentlichung über den Denkweg des Papstes erneut aufmerksam. In der Bonner Antrittsvorlesung seines Lehrers will er einen markanten Widerspruch und Zirkelschluss ausfindig machen.[46] Einmal sage Ratzinger nämlich: „Die Philosophie bleibt ... als solche das andere und eigene, worauf der Glaube sich bezieht, um sich an ihm als dem anderen auszusprechen und verständlich zu machen."[47] Danach stellen Philosophie und Vernunft eine eigenständige Größe gegenüber dem Glauben dar. Und gerade aufgrund dieser Eigenständigkeit ist die philosophische Vernunft hilfreich, die Allgemeingültigkeit des Glaubens zu sichern. Zum anderen verweist Ratzinger im Blick auf Kirchenväter und Theologen der frühen Kirche darauf hin, dass diese Theologen sich den griechischen Gottesbegriff „nicht immer kritisch genug" angeeignet hätten. „Die philosophischen Aussagen wurden vielfach unbesehen übernommen und nicht der nötigen kritischen Läuterung und Verwandlung unterworfen."[48] In dieser Hinsicht ist also auch nach Ratzinger eine gewisse Enthellenisierung des Glaubens unvermeidlich. In seiner Enzyklika *Deus Caritas est* erläutert er das Ungenügen des aristotelischen Gottesbegriffs: Der

hervor, dass es Verweyen nicht um eine glaubensneutrale Letztbegründung gehe, weshalb Ratzingers Vorwurf, das Letztbegündungsprojekt verfolge das Vorhaben, eine pure abstrakte Rationalität als Anweg zum Glauben zu installieren, nicht zutreffe.

45 Vgl. Klaus Müller, Über das rechte Verhältnis (Anm 43), 77; vgl. ders., Wieviel Vernunft braucht der Glaube? Erwägungen zur Begründungsproblematik, in: ders., Fundamentaltheologie. Fluchtlinien und gegenwärtige Herausforderungen, Regensburg 1998, 77–100, bes. 79–82.

46 Vgl. zu Folgendem Hansjürgen Verweyen, Joseph Ratzinger – Benedikt XVI. (Anm. 41), 31f.

47 Joseph Ratzinger / Benedikt XVI., Der Gott des Glaubens (Anm. 14), 33.

48 Ebd., 34.

unbewegte Beweger könne sich nicht in Liebe auf die Menschen zubewegen wie hingegen der Gott Israels (Nr. 9). Derartige Enthellenisierungen sollen jedoch nicht zu einer theologischen Trennung von Athen und Jerusalem führen. Das hat Benedikt in Regensburg sehr deutlich unterstrichen, indem er Enthellenisierungsversuche mit kritischen Fragezeichen versah.[49]

Verweyen beansprucht, einen Widerspruch festzustellen zwischen Ratzingers Rede von der Selbständigkeit der philosophischen Vernunft und der gleichzeitig ins Spiel gebrachten Notwendigkeit, der philosophischen Vernunft (und ihrem Gottesbegriff) Läuterungen und Verwandlungen zu verschreiben – Modifikationen, die vom Glauben aus gesehen vorzunehmen seien. Folglich gibt es keinesfalls eine eigenständige Vernunft als das wahrhaft Andere des Glaubens oder im Gegenüber zum Glauben. Ein argumentativer Zirkel zeichne sich ab: Die philosophische Vernunft soll selbständig sein, um die Allgemeingültigkeit des Glaubens zu demonstrieren. Die Vernunft soll genauso vom Glauben abhängig sein, soll sich vom Glauben Läuterung und Verwandlung gefallen lassen, um dem Glauben überhaupt erst in angemessener Weise hilfreich sein zu können. Danach konstituiert erst der Glaube die Art von Vernünftigkeit, die zur allgemeingültigen Legitimierung des Glaubens dienen soll. Dann aber beweist sich der Glaube letztendlich nur durch sich selbst, durch *seine* Vernunft. Diese Argumentationsform nennt man eine *petitio principii*, einen Zirkelschluss.

Die Schwächung der Vernunft, gegen die sich Kardinal Ratzinger bei der Vorstellung der Enzyklika *Fides et ratio* vehement aussprach,[50] wird Verweyen zufolge vom Präfekten der Glaubenskongregation selber dadurch initiiert, dass er die vitiöse Implementierung vernunftexterner Instanzen – wie die des Glaubens – innerhalb der Vernunft für unverzichtbar erklärt und das Konzept einer autonomen Vernunft in die Schranken weist. Ratzinger schreibt 1996 und er wiederholt es 2003: „... der Versuch, mit einer streng autonomen Vernunft, die vom Glauben nichts wissen will, sich so-

49 Vgl. Benedikt XVI., Glaube, Vernunft und Universität (Anm. 12), 23–26.
50 Vgl. Benedikt XVI., Gott und die Vernunft (Anm. 3), 15.

zusagen selbst an den Haaren aus dem Sumpf der Ungewißheiten herausziehen zu wollen, wird letztlich kaum gelingen. Denn die menschliche Vernunft ist gar nicht autonom. Sie lebt immer in geschichtlichen Zusammenhängen. Geschichtliche Zusammenhänge verstellen ihr den Blick ...; darum braucht sie auch geschichtliche Hilfe, um über ihre geschichtlichen Sperren hinwegzukommen.“[51]

In dieser Relativierung der Autonomie der Vernunft, in dem Hinweis auf ihre geschichtlichen Blockaden und Blindheiten, die erst der Glaube aufdeckt, erkennen Verweyen und Klaus Müller das entscheidende Problem.[52] Wie soll diese Vernunft noch als Maßstab zur Wahrheitsfindung fungieren können? Und wenn Ratzinger davon ausgeht, dass „unser geistiges Leben gänzlich am Medium der Sprache hängt“[53], dann bestätigt er den „linguistic turn“ in der Philosophie und relativiert damit die Vernunft erneut in massiver Weise, so Verweyen.[54]

51 Joseph Ratzinger/Benedikt XVI., Glaube – Wahrheit – Toleranz (Anm. 11), 110. „Ich bin der Meinung, dass der neuscholastische Rationalismus gescheitert ist, der mit einer streng glaubensunabhängigen Vernunft, mit rein rationaler Gewissheit die Praeambula Fidei rekonstruieren wollte; allen Versuchen, die das gleiche möchten, wird es letztlich nicht anders ergehen.“ Diese Äußerungen versah Ratzinger mit jener Verweyen-und-Menke-kritischen Anmerkung (Zur Lage von Glaube und Theologie heute [Anm. 44], 369. Anm. 20), die hier nun ausgelassen wird; vgl. ebd., auch 208. Diesen gegen den Gedanken der autonomen Vernunft gerichteten Grundzug des Denkens Ratzingers stellt breit und anerkennend heraus Hübner, Irrwege und Wege der Theologie (Anm. 26), 259ff., 270–276, 279ff.; dieser Grundzug markiere das Proprium von Ratzingers Denken in Absetzung von den Denkstilen anderer Theologen (wie Adolf v. Harnack, Rudolf Bultmann, Paul Tillich, Karl Rahner, Wolfhart Pannenberg), die um einen Ausgleich mit den Paradigmen der Aufklärung bemüht sind. Vgl. jedoch differenzierter Ulrich Ruh, Joseph Ratzinger – der Kritiker der Moderne (Anm. 19), 119–128.

52 Vgl. Hansjürgen Verweyen, Joseph Ratzinger – Benedikt XVI. (Anm. 41), 100ff.; Klaus Müller, Streit um Gott, Regensburg 2006, 29ff. Wiederum begrüßt Müller Papst Benedikts XVI. Plädoyer für die Rationalität und Wahrheitsfähigkeit des Subjekts, stört sich jedoch an einem „notorisch schwarz gemalten Neuzeitklischee“, das er bei Ratzinger wahrzunehmen müssen meint (31).

53 Joseph Ratzinger, Einführung in das Christentum (Anm. 3), 232.

54 Hansjürgen Verweyen, Joseph Ratzinger – Benedikt XVI. (Anm. 41), 111.

Trotz aller Kritik vom ehemaligen Präfekten der Glaubenskongregation an den Vertretern der Pluralistischen Religionstheologie (John Hick, Paul Knitter u. a), die Klaus Müller in jeder Hinsicht teilt, sieht er eine prekäre Nähe der Denkform Ratzingers zu den erkenntnistheoretischen Voraussetzungen der Pluralisten. Auch diese insistieren auf der prägenden Kraft von Sprache und Kultur, sodass beispielsweise in der westlichen Kultur das Absolute als personal, in der asiatischen als impersonal wahrgenommen wird. Eine begründete Entscheidung für das eine oder andere Gottesverständnis ist a priori unmöglich.[55] Es ergibt sich die seltsame Pointe: Joseph Ratzinger, der sich mit seiner Kritik an der „Diktatur des Relativismus" ins kollektive Gedächtnis einprägte,[56] bietet selber relativistische Argumente, hege, so Klaus Müller wörtlich, „für bestimmte postmoderne Intuitionen ausgesprochene Sympathien" und verfange sich in einem „subtilen fideistischen Zirkel"[57].

Joseph Ratzingers Verhältnisbestimmung von Glaube und Vernunft provoziert offenbar zwei entgegengesetzte Positionen: Sein Anliegen, das Evangelium vor Dummheit zu bewahren, führt nach Einschätzung der einen zu einer Überforderung der Philosophie; er verlangt zuviel Vernunftglaube, eine Ausweitung der Vernunft über Gebühr. Und umgekehrt: Sein Ansatz laufe auf eine Unterforderung und Schwächung der Vernunft hinaus, zuwenig Vernunftglaube kennzeichne Ratzingers Denken, denn der Glaube müsse die Vernunft stützen, halten, ausweiten. Der Glaube macht deshalb das Salz eigenständigen Denkens schal.[58]

55 Vgl. John Hick, Religion. Die menschliche Antwort auf die Frage nach Leben und Tod, München 1996, 254–273.

56 Predigt von Kardinal Ratzinger bei der Heiligen Messe Pro Eligendo Romano Pontifice, am 18.04.2005, in: Der Anfang. Papst Benedikt XVI. – Joseph Ratzinger, Predigten und Ansprachen, April/Mail 2005 (Verlautbarungen des Apostolischen Stuhls; 148), hg. v. Sekretariat der Deutschen Bischofskonferenz, Bonn 2005, 14.

57 Klaus Müller, Wieviel Vernunft (Anm. 45), 79f., 82. Vgl. zustimmend Paul Platzbecker, Radikale Autonomie vor Gott denken (Anm. 44), 23, Anm. 12.

58 In seinem Beitrag Christliche Vernunft als Seele Europas? Bemerkungen zur Regensburger Vorlesung von Papst Benedikt XVI., in: Stimmen der Zeit 132 (2007) 147–160, fordert Reinhold Esterbauer eine vom Glauben unabhängige

3.3 Mögliche Indizien für Ratzingers Konzept einer „schwachen Vernunft"

Zugunsten des Einwands von Verweyen und Müller lassen sich noch weitere Indizien anführen; Verweyen stellt sie in seinem Papst-Buch zusammen: Im Unterschied zur scholastischen Tradition entwickelt Ratzinger keine strikten Gottesbeweise; er beschreibt sie eher, lädt dazu ein, sich ihrer Logik zu öffnen. Doch zwingende, streng apodiktische Argumente entwickelt er nicht. Verweyen schildert sein Erstaunen, als er im Wintersemester 1959/60 ein Seminar bei Ratzinger belegte über *Gottesbeweise in Geschichte und Gegenwart* und der Seminarleiter seine Zweifel äußerte an der Schlüssigkeit des ersten Gottesbeweises in der Theologischen Summe des Thomas von Aquin, an dessen Ende der aristotelische Aufweis von der Existenz des unbewegten Bewegers steht.[59] Gegenüber steilen Beweisen registriert Ratzinger eher die Schwierigkeit der Gottesfrage für den modernen Menschen.[60] In einem Vortrag an der Pariser Sorbonne 1999 räumt Ratzinger schließlich ein: „eine letzte Beweisbarkeit der christlichen Grundoption" gibt es nicht.[61] Die Destruktion einer rationalen Metaphysik durch Kant stelle darum für Ratzinger kein wirkliches Problem dar; so bleibe mehr Platz für den Glauben, kommentiert Verweyen.[62] Andererseits weiß Ratzinger um die Notwendigkeit von Ontologie und Metaphysik für die Theologie; aber die Anwege müssen andere sein.[63]

In dieser erkenntnistheoretischen Zurückhaltung Ratzingers kann man – mit Verweyen – durchaus auch den Einfluss der Fran-

Vernunft um des Glaubens willen; nur diese kann der Selbstkritik des Glaubens hilfreich sein (bes. 158f.).

59 Vgl. Hansjürgen Verweyen, Joseph Ratzinger – Benedikt XVI. (Anm. 41), 28.

60 Vgl. den Abschnitt Der Mensch vor der Gottesfrage in: Benedikt XVI. / Joseph Ratzinger, Dogma und Verkündigung, Donauwörth [4]2005, 87–99.

61 Joseph Ratzinger/Benedikt XVI., Glaube – Wahrheit – Toleranz (Anm. 11), 146.

62 Vgl. Hansjürgen Verweyen, Joseph Ratzinger – Benedikt XVI. (Anm. 41), 107.

63 Vgl. Joseph Cardinal Ratzinger, Wesen und Auftrag der Theologie. Versuche zu ihrer Ortsbestimmung im Disput der Gegenwart, Freiburg 1993, 16, 19–22.

ziskanerschule erkennen, für deren Thesen er sich mit seiner Habilitationsschrift über *Die Geschichtstheologie des heiligen Bonaventura* (1955/1957) öffnete[64] und die – anders als Thomas von Aquin – die philosophische Vernunft verstärkt in die Theologie einband und ihre Glaubensabhängigkeit herausstellte.[65] Ratzinger unterstreicht in der Tat, dass „für Bonaventura alles Wissen eingespannt ist in die Heilsaufgabe des menschlichen Daseins und so notwendig der auctoritas fidei unterstellt" ist.[66] Diese These entspricht dem Gedanken der Läuterung und Verwandlung der Vernunft durch den Glauben.

Ein weiterer Grund für seine Zurückhaltung gegenüber dem Autonomiegedanken von Subjekt und Vernunft liegt nach Auskunft seiner Selbstbiographie *Aus meinem Leben* in der Bevorzugung des personalistischen und dialogischen Denkens. Es fallen die Namen Martin Buber, Ferdinand Ebner[67]. Ähnlich wie nach der Konzeption Hans Urs von Balthasars erwacht auch nach Ratzinger das Ich zu sich selbst vom Du her. Dem cartesischen *cogito ergo sum* stellt er das *cogito**r** ergo sum* des Münchener Romantikers Franz von Baader entgegen. Allein aus meinem Gedachtsein durch Gott gewinne ich mein Ich-denke. Die Rezeption der platonischen Ideenlehre durch Augustinus steht Pate bei Ratzingers These, dass Gottes schöpferischer Gedanke an mich früher ist als mein Ich-denke.[68]

64 Vgl. Joseph Ratzinger, Die Geschichtstheologie des heiligen Bonaventura, St. Ottilien ²1992, 136–144.

65 Vgl. Hansjürgen Verweyen, Joseph Ratzinger – Benedikt XVI. (Anm. 41), 107, mit Bezug auf den Aufsatz Ratzingers Wesen und Weisen der auctoritas im Werk des heiligen Bonaventura, in: Die Kirche und ihre Ämter und Stände. FG f. Kardinal Joseph Frings z. Goldenen Priesterjubiläum, hg. v. W. Corsten u.a., Köln 1960, 58–72; vgl. jedoch auch die sanfte Kritik an Bonaventura in Wesen und Auftrag der Theologie (Anm. 63), 15f.

66 Joseph Ratzinger, Wesen und Weisen (Anm. 65), 71.

67 Vgl. Joseph Kardinal Ratzinger, Aus meinem Leben. Erinnerungen (1927–1977), 49; Verweyen, Joseph Ratzinger – Benedikt XVI. (Anm. 41), 108f. Vgl. dazu Erwin Dirscherl, Gott und Mensch als Beziehungswesen. Die theologische und anthropologische Denkfigur Joseph Ratzingers ausgehend von der Christologie, in: Frank Meier-Hamidi / Ferdinand Schumacher (Hg.), Der Theologe Joseph Ratzinger (Anm. 19), 56–72, bes. 67–70.

68 Vgl. Joseph Ratzinger, Einführung in das Christentum (Anm. 3), 231ff.

Zu überprüfen ist, ob, inwieweit und unter welcher Voraussetzung diese Hinweise in der Tat zu einem schwachen Vernunftkonzept in Ratzingers Ansatz führen. Zuvor sei die christologische und anthropologische Kontextuierung von Ratzingers Vernunftverständnis skizziert.

4. Ratzingers kreatürliche Vernunftkonzeption

Im Zusammenhang mit christologischen und ethischen Überlegungen zum Gewissen erläutert Ratzinger seinen dialogischen Personbegriff, der ebenso für sein Vernunftverständnis ausschlaggebend ist: „Der Mensch ist um so mehr bei sich, je mehr er beim anderen ist. Er kommt nur dadurch zu sich, dass er von sich wegkommt. Er kommt nur durch den anderen und durch das Sein beim anderen zu sich selbst. … Der Mensch kommt zu sich, indem er über sich hinauskommt“. Mit diesen anthropologischen Aussagen beabsichtigt Ratzinger zu zeigen, dass Jesus den exemplarischen Menschen darstellt: Jesus Christus … ist der ganz über sich hinausgekommene und so der wahrhaft zu sich gekommene Mensch.“[69]

Appliziert man diese anthropologische und christologische Bestimmung auf die Vernunft, ist klar: Es entspricht der Vernunft, sich von anderem her zu empfangen, was Religion und Glaube einschließt. Freilich bleibt die Frage, wie die Vernunft wissen kann, dass sie wirklich *sich* durch eine externe Instanz empfängt, zu *sich selber* geführt und nicht auf Abwege verleitet wird? Muss sich die Vernunft von außen – also möglicherweise vom Glauben – sagen lassen, was vernünftig ist? Aber selbst diese Instruktion würde voraussetzen, dass die Vernunft erfasst, dass es dabei um sie geht, d. h. die Instruktion muss sich ihrerseits die Vernunft und deren Verstehen voraussetzen und in Anspruch nehmen, um überhaupt möglich

69 Ebd., 221; vgl. so auch Joseph Ratzinger, Dogma und Verkündigung (Anm. 60), 209ff., 216f.; ders., Theologische Prinzipienlehre. Bausteine zur Fundamentaltheologie, München 1982/Augsburg 2005, 179; ders., Werte in Zeiten des Umbruchs. Die Herausforderung der Zukunft bestehen, Freiburg 2005, 116.

zu sein. Insofern ist die Vernünftigkeit der Vernunft unhintergehbar, selbst im Fall einer externen Aufklärung über das Vernünftige. Ratzinger erläutert diesen Sachverhalt durch den platonischen, aber auch johanneischen Gedanken der Anamnese: Der externe Anstoß fungiert in der Weise der Mäeutik; er führt zur erinnernden Aufdeckung des bereits Vorhandenen – im Bereich der Moral zur Erinnerung an das Wahre und Gute[70].

Hinsichtlich der Vernunft ist zu sagen: Der Glaube erinnert die Vernunft an ihre Kreatürlichkeit. Durch den Glauben weiß das Ich, „dass mir nichts so wenig gehört wie ich mir selbst, dass mein eigenes Ich der Ort der tiefsten Selbstüberschreitung und des Berührtseins von dem ist, woher ich komme und wohin ich gehe."[71] Dieser Satz nimmt selbstverständlich das verstehende, vernünftige und unhintergehbare Ich in Anspruch; nur das Ich kann die Aussage als vernünftig begreifen, sich ursprünglich nicht selber zu gehören, von anderem berührt und Ort der Selbstüberschreitung zu sein. Woher weiß das Ich aber, dass diese Aussagen zutreffen, zu ihm passen? Wie erkennt die Vernunft ihre Kreatürlichkeit?

Ratzinger bietet zur Überprüfung dieser Aussagen nicht etwa eine Analyse des transzendentalen Ich, sodass als dessen notwendiges Implikat sich die Gottesidee ergeben würde und dadurch ein transzendentaler Begriff von Kreatürlichkeit gewonnen werden könnte. Ratzinger offeriert vielmehr eine Vielzahl von Beobachtungen und Erwägungen, geschichtliche Rückblenden und systematische Anwege, um die Kreatürlichkeit des Ich und seiner Vernunft zu erweisen. Sowohl dem konkreten Menschen als auch der komplexen Glaubenswirklichkeit soll dieses Verfahren gerecht werden; das ist zumindest Ratzingers Einschätzung.

Welches sind die Argumente Ratzingers zugunsten einer Überprüfung der Aussage, dass die Vernunft verdankte, kreatürliche Vernunft ist und dass darin ihr allgemeines Wahrheitskriterium zu finden ist?

70 Vgl. Joseph Ratzinger, Werte in Zeiten des Umbruchs (Anm. 69), 115ff.
71 Ebd., 116. Vgl. auch schon in der Einführung in das Christentum (Anm. 3), 176f.

5. Aufweise der Kreatürlichkeit der Vernunft

An sich selbst kann die Vernunft feststellen, dass sie sich weder hervorbringt, noch dass ihr Denken und Erkennen ursprünglich schöpferisch ist, vielmehr ist alles Erkennen und Denken – Ratzinger verweist auf die Naturwissenschaften und die Analyse der mathematischen Struktur des Kosmos und der Materie – ein Nach-Denken eines Vorgedachten; die Wirklichkeit ist Hinweis auf einen schöpferischen Logos, dem sich folglich erst recht die menschliche Vernunft verdankt.[72] Der These von einer ganz zufälligen, „irrationalen" evolutionären Genese der Vernunft, die der Rede von einem Primat des schöpferischen Logos die Grundlage entzieht, begegnet Ratzinger mit einem Retorsionsargument.[73] Wenn die These von einem zufälligen „irrationalen" Werden der Vernunft nur unter der Voraussetzung der Vernunft überhaupt möglich ist, dann muss auch der Logos am Anfang der Entwicklung eines vernünftigen Wesens stehen; die Vernunft des Menschen verdankt sich daher dem Gedachtsein durch den (trinitarischen) Logos; die Vernunft entdeckt in sich den sie ermöglichenden Logos, dem sie ursprünglich mehr gehört als sich selbst und der sie zugleich an sich selber frei gibt. Es ist bezeichnend, wie Ratzinger seine eigene Überzeugung formal darstellt; er kleidet sie in die Gestalt einer rhetorischen Frage, was den einladenden Charakter seines Argumentationsstils belegt: Kann „die Vernunft auf die Priorität des Vernünftigen vor dem Unvernünftigen, auf die Uranfänglichkeit des Logos verzichten, ohne sich selbst aufzuheben?"[74]

Das bei der Erfahrung des Denkens ansetzende Argument zugunsten des metaphysischen Primats des Logos, wonach Irrationales nur vom Rationalen aus erfasst wird, nimmt freilich eine Konvergenz von Denkform und Wirklichkeit in Anspruch. Dazu gibt es für Ratzinger aber keine ernsthafte Alternative; andernfalls wären schon

72 Vgl. Joseph Ratzinger, Einführung in das Christentum (Anm. 3), 140ff.

73 Vgl. Joseph Ratzinger/Benedikt XVI., Glaube – Wahrheit – Toleranz (Anm. 11), 145f. und ders., Einführung in das Christentum (Anm. 3), 144f.

74 Joseph Ratzinger/Benedikt XVI., Glaube – Wahrheit – Toleranz (Anm. 11), 146, vgl. auch ebd., 122f.

die Naturwissenschaften nicht möglich. Deshalb führt für Ratzinger von der mathematischen Struktur der Materie auch ein legitimer Weg zu einem schöpferischen Logos.[75] Eine Reduktion der wissenschaftlichen Vernunft auf reine Empirie würde schon das offenkundige Verstehen und Erkennen von mathematischen Zusammenhängen im Kosmos nicht erklären und die geistige Leistung der Vernunft übersehen, die über die Sinnesdaten hinausgeht; in der Naturwissenschaft erkennt Ratzinger eher eine Nähe zum Platonismus und Idealismus als zu einer materialistischen Weltauffassung.[76]

Im Sinne Ratzingers könnte man auch sagen: Wollte man aus epistemischen Gründen das Erkennen nur auf empirische Erfahrung reduzieren und das Ich oder die Vernunft in einem empirisch unerreichbaren reinen Denken einschließen, sodass auch jede Transzendenz über das Ich hinaus als Begriffsprodukt und -projektion zu qualifizieren wäre und jedes Mehr an Transzendenzerkenntnis dem Verdacht der Subreption anheimfiele, dann würde man einen Widerspruch setzen, weil man so nur die Endlichkeit des Menschen gnoseologisch verabsolutieren würde. Es handelte sich um eine Verabsolutierung im Geist einer „falsche[n] Demut", die dem Menschen in den entscheidenden Fragen des Lebens „die Wahrheitsfähigkeit abspricht."[77] Die Endlichkeit des Menschen hat man aber erst dann ernst genommen, wenn man die menschliche Vernunft als realitäts- und transzendenzoffene Größe – also als kreatürliche Vernunft – begreift, die in sich selbst auf ihren sie übersteigenden und begründenden Ursprung trifft.

Kurzum, die Vernunft des Ich vermag sich in ihrer Kreatürlichkeit philosophisch zu erfassen; diese Selbstdefinition wird ihr mit guten Gründen empfohlen. In ihrer Kreatürlichkeit liegt ebenso ihr autonomes Wahrheitskriterium. Demnach entspricht bzw. widerspricht dasjenige der Vernunft, das ihrer Kreatürlichkeit ent- bzw. widerspricht.

75 Vgl. mit Berufung auf Werner Heisenberg: ebd., 112, 121.

76 Vgl. ebd., 126.

77 Ebd., 150; vgl. Joseph Ratzinger, Einführung in das Christentum (Anm. 3), 25f.

6. Die Kultur- und Sprachgebundenheit der kreatürlichen Vernunft

Der kreatürlichen Vernunft entspricht ihre kulturelle und sprachliche Selbstvermittlung.[78] Der griechische Kulturraum, in dem die Philosophie eine universelle Gotteserkenntnis entwickeln konnte, die wiederum die Universalität und Weite der Vernunft unter Beweis stellt, ist für Ratzinger ein Hinweis darauf, dass die Kultur- und Sprachgebundenheit der menschlichen Vernunft nicht a priori deren Gefährdung darstellt und relativistische Konsequenzen nach sich zieht. Vielmehr öffnet das kulturelle Wir dem Ich den Horizont, auf den hin es seine Wahrheitsfähigkeit konkret zu entfalten vermag. Zu Recht lässt sich die kreatürliche Vernunft von anderen, von der Kultur, von der Religionen, vom christlichen Glauben „Vernünftiges" sagen, das ggf. zur Umkehr führen kann.[79] Zu Recht lässt sich der Glaube etwas von einer Vernunft sagen, die um ihre Kreatürlichkeit weiß. Vernünftig wäre die religiöse Erinnerung an die Kreatürlichkeit der Vernunft in Opposition zu einer Selbstverabsolutierung in der Technik, zu einer Überschätzung kontingenter Wirklichkeit, zu einer pseudodemütigen Unfähigkeit zur Wahrheitserkenntnis. Unvernünftig wären eine religiöse Gottesvorstellung nach Maßgabe des Polytheismus, eine theologische Deduktion des Geschichtsverlaufs (vgl. Bonaventuras Kritik an Joachim de Fiore) oder eine Instrumentalisierung Gottes für menschliche Herrschaftszwecke.

Im Übrigen greifen auch Verweyen und Klaus Müller auf die in der Sprachtradition vorhandenen Begriffe wie Subjekt, Freiheit, Vernunft, Bewusstsein, Ich usw. zurück, ebenso auf logische Prinzipien und Ableitungsregeln, um ihr Projekt der Letztbegründung zu verwirklichen. Will man allerdings ein wirklich „starkes" Programm der Letztbegründung von Wissen und Wahrheit durchfüh-

78 Vgl. Joseph Ratzinger, Einführung in das Christentum (Anm. 3), 232ff.

79 Vgl. Joseph Ratzinger, Theologische Prinzipienlehre (Anm. 69), 343: Der christliche Glaube „will unmittelbar Vernünftiges sagen und damit die Vernunft selbst ansprechen, sie als Motor für den Akt der Bekehrung gewinnen."

ren, dann müsste man sowohl diese Zentralbegriffe und Kategorien als auch die logischen Formen des Denkens von einem voraussetzungslosen, selbstevidenten Ausgangspunkt aus begründen. Genau das fordert Hegel ein. Alles andere stellt für ihn keine wirkliche Letztbegründung dar. Darum akzeptiert Hegel keinen Ansatz, der bei einer endlichen Größe ansetzt, und sei es das unhintergehbare Selbstbewusstsein oder die Freiheit des Menschen. Es bleibt nur der Ansatz bei einem Absoluten.[80]

Wem dieser absolute Ansatz wegen des endlichen menschlichen Erkenntnisstandortes als unangemessen erscheint, der bewegt sich argumentativ immer in einem Vorletzten, das freilich auf ein Letztes hin transparent gemacht werden kann.

7. Von Ratzinger zu Klaus Müller und zurück

Im Folgenden sollen einige Konvergenzen zur Sprache gebracht werden, die die konzeptionelle Bezogenheit von Ratzingers Vernunftverständnis und Müllers subjekttheoretischen Überlegungen aufeinander dokumentieren. Dadurch relativiert sich einmal mehr die Kritik Müllers an Ratzinger.

Klaus Müller setzt – auf der gedanklichen Linie von Dieter Henrich – begründungstheoretisch bei der „Unhintergehbarkeit von Selbstbewusstsein" an.[81] Doch dieses Selbstbewusstsein ist seiner ursprünglichen Form nach nicht bereits ein bewusstes „Ich-denke", das allen Zweifeln an Wahrheit und Gewissheit trotzt, weil es bei allem Zweifel nochmals als unhintergehbarer Bezugspunkt voraus-

80 Vgl. Michael Schulz, Sein und Trinität. Systematische Erörterungen zur Religionsphilosophie G.W.F. Hegels im ontologiegeschichtlichen Rückblick auf J. Duns Scotus und I. Kant und die Hegel-Rezeption in der Seinsauslegung und Trinitätstheologie bei W. Pannenberg, E. Jüngel, K. Rahner und H.U. v. Balthasar (Münchener Theologische Studien II/53), St. Ottilien 1997, 173–183, 233–251.

81 Klaus Müller, Wieviel Vernunft (Anm. 45), 99; vgl. auch ders., Gottes Dasein denken. Eine philosophische Gotteslehre für heute, Regensburg 2001, 161–171; ders., Streit um Gott (Anm. 52), 218f., 221, 225f., 229f., 233ff.

gesetzt werden muss. Im Unterschied zum bewussten „Ich-denke", auf dessen unerschütterlichen Felsen René Descartes alle Gewissheit aufbaut, macht Klaus Müller mit Henrich auf ein „apriorisch präreflexives Vertrautsein des Subjekts mit sich selbst" aufmerksam, das jedem bewussten und intentionalen Ich-denke nochmals vorausgeht.[82] Er will damit sagen, dass nicht wir es sind, die sich selbst als ein Ich-denke setzen und intendieren. Vielmehr entdecken wir uns, wenn wir beginnen, uns bewusst zu denken, uns selbst zu intendieren als diejenigen, die immer schon vorreflexiv um sich wussten, mit sich vertraut waren. Daraus folgt: Ich verfüge in meinem ursprünglichen, unhintergehbaren Wissen um mich selbst nicht über die Anfangsbedingungen meines Selbstwissens. Ich verfüge nicht über das „Aufkommen" dieses Selbstwissens und Selbstbewusstseins. Es geschieht, passiert, ereignet sich vielmehr. Demnach ist das unhintergehbare, ursprüngliche Wissen um mich ein untrüglicher Indikator dafür, dass mein Selbstbewusstsein in einem „grundlosen Grund" gründet, den man mit Ratzinger auch Logos nennen kann. Von diesem Logos gilt, so kann man mit Müller sagen, das augustinische Kriterium der Gott allein angemessenen ungegenständlichen Bezeichnungsweise des „interior intimo meo" und des „superior summo meo".[83]

Mit anderen Worten: Klaus Müller denkt, ausgehend von dem ersten präreflexiven Selbstbewusstsein des Menschen, dessen Verfügt- und Verdanktsein, dessen – um mit Ratzinger zu sprechen – ursprüngliches Gedachtsein durch Gottes Logos.[84]

Weiterhin: Ist einmal eingeräumt, dass sich das Subjekt von einem Absoluten her empfängt, dann verbindet sich mit der damit begrifflich ratifizierten Endlichkeit des Subjekts die Einsicht, dass es, so Müller, Eines unter Vielen ist.[85] Diesem Sachverhalt entspricht Ratzingers These, dass Sprache und Kultur eine konstitutive Rolle

82 Klaus Müller, Wieviel Vernunft (Anm. 45), 99.

83 Vgl. Klaus Müller, Gottes Dasein denken (Anm. 81), 161–171; ders., Wieviel Vernunft, 99f.; ders., Streit um Gott (Anm. 52), 218f., 221, 233.

84 Vgl. Joseph Ratzinger, Einführung in das Christentum (Anm. 3), 145, 176f., 232f.

85 Vgl. Klaus Müller, Gottes Dasein denken (Anm. 81), 161f.

für die aktuelle Selbsthabe des Subjekts zukommen; das Angesprochenwerden und mithin Sprache und Kultur sind dem Selbstbewusstsein – nun in horizontaler Hinsicht – ursprünglich näher als es sich selbst präreflexiv und reflexiv nahe ist.

Müllers These und ihre Implikationen können als Indiz dafür gelten, dass Ratzingers dialogischer Ansatz dennoch von sozusagen „pontifikaler“ Weite ist; es lassen sich Brücken zum anderen subjekttheoretischen Ufer bauen – weil nämlich auch von dort aus – aufgrund einer Phänomenologie der vorreflexiven Selbstvertrautheit des Subjekts – ein Weg zu der Einsicht führt: Wenn ich „Ich“ sage, dann deshalb, weil schon zuvor jemand zu mir Du gesagt hat – in jeder Sprache und Kultur.

Festzuhalten bleibt: Ratzingers Kritik an der Transzendentalphilosophie bezieht sich auf eine Form, die dem Du, dem Dialogischen nicht gerecht wird.[86] Falls Ratzinger dazu auch Fichtes Ansatz rechnen würde,[87] wäre seine Einschätzung in dieser Hinsicht korrekturbedürftig und Verweyens Hinweis auf die Intersubjektivitätstheorie von Fichte berechtigt. Ratzinger hat aber in der Regel Kants Denken im Blick, wenn er gegenüber der Transzendentalphilosophie eine kritische Stellung bezieht.[88] Allerdings bliebe auch ein transzendentallogischer Ansatz von intersubjektivem Zuschnitt für Ratzinger problematisch, wenn er beanspruchte, einen sprach-, kultur- und glaubensunabhängigen Letztsinn als Vernunftmaßstab religiöser Geschichtswahrheit zu etablieren.

Statt nun nach Konvergenzen zwischen Ratzingers und Verweyens Ansatz zu fahnden, sei zumindest im Fahrwasser von Verweyens, aber auch von Karl Rahners fundamentaltheologischer Intention erläutert, wie Ratzinger die Möglichkeit einer definitiven Offenbarung Gottes in der Geschichte begründet – wie *Gottes letztes Wort* in der Geschichte möglich sein soll. Diese fundamentaltheologischen Hinweise sollen nochmals die These begründen, dass

86 Vgl. Joseph Ratzinger, Dogma und Verkündigung (Anm. 60), 219.

87 Das vermutet Verweyen (Anm. 41), 111, ohne jedoch diese Einschränkung exakt belegen zu können. Er kann sich nur auf die allgemeine Kritik Ratzingers an der Subjektphilosophie berufen; Fichte wird nicht ausdrücklich erwähnt.

88 Vgl. Joseph Ratzinger, Dogma und Verkündigung (Anm. 60), 219.

Ratzingers Kritik eines – wie er sagt – theologischen Rationalismus nicht eo ipso mit einem „schwachen“ Vernunftkonzept koinzidiert.

8. Die Religionsphilosophie der kreatürlichen Vernunft: der Mensch als „Hörer des Wortes“ nach Joseph Ratzinger

Auf der gedanklichen Linie von Maurice Blondel, Henri de Lubac und Karl Rahner gelingt es Ratzinger, anhand des Begriffs „gedachte, verdankte Existenz und Vernunft“ und der Erfahrung „das Wichtigste im Leben ist Geschenk“ die Möglichkeit und Denkbarkeit der Offenbarung zu begründen[89]. Sein Argumentieren will die allgemeingültige Einsicht erschließen: Die kommunikationstheoretisch verstandene Offenbarung als Selbstmitteilung Gottes ist das dem Menschen Nötigste; allein der sich selbst (und nicht nur etwas von sich) mitteilende Gott kann die letzte Erfüllung des Menschen sein. Ratzinger begründet diese Aussage mit dem Hinweis auf das menschliche Streben: Der Mensch strebt nach einem letzten Halt und Sinn, nach einer freien, unbedingten liebenden Anerkennung seiner Existenz. Auch die Wahrheitssuche der Vernunft kommt erst in einer definitiven, unübersteigbaren Wahrheit zur Ruhe. Doch diese allgemeine Vernunftwahrheit über die Bedingungen erfüllter Sinnsuche des Menschen erzwingt keineswegs etwas; im Gegenteil: Gottes Selbstgabe ist nur als Ereignis frei gewährter Liebe erfüllend. Denn eben schon allgemein gilt: Das Entscheidende im Leben ist Geschenk; etwas Entscheidendes wie wahre Liebe ist nur als freies Ereignis denkbar. Und genauso ist Sinn nur wirklich als frei geschenkter Sinn; er resultiert aus einem freien Anerkennungsverhältnis. Letzter, unbedingter, alles erfüllender Sinn wird von Gott geschenkt durch seine freie Anerkennung des Menschen: durch seine Selbstmitteilung als Liebe. Dieser freien Selbstmitteilung Gottes

89 Vgl. dazu Joseph Ratzinger, Einführung in das Christentum (Anm. 3), 250ff.; vgl. ders., Theologische Prinzipienlehre (Anm. 69) , 170f.

kommt darum das Moment der Nichtnotwendigkeit, der Kontingenz zu, wie Ratzinger ausführt, d.h. in ihrem freien Sichereignen geschieht sie „zufällig", geschichtlich – ist Geschichte doch die Manifestation von handelnder Freiheit. Mit diesen Überlegungen erschließt Ratzinger die Möglichkeit von Offenbarung: die Möglichkeit einer kontingenten, geschichtlichen Präsenz des universellen göttlichen Logos als Liebe und Erfüllung des Menschen in einem menschlichen Subjekt, das Heilsgeschichte macht.

Diese „von unten", anthropologisch ansetzenden Überlegungen zur Möglichkeit der Offenbarung ergänzt Ratzinger durch Reflexionen über die Weiterentwicklung des griechischen Gottesbegriffs, durch Überlegungen „von oben".[90]

Nach griechischer, aber auch nach moderner Vorstellung scheint es nicht plausibel, dass Gottes Größe mit der Kontingenz von zufälligen Geschichtsereignissen kompatibel ist; Gottes Größe macht offenbar eine einmalige Offenbarung in der Geschichte unmöglich. Ratzinger begegnet diesem Einwand mit einer Problematisierung des dabei vorausgesetzten Begriffs von göttlicher Größe. Er macht verständlich, dass wahre Größe keinen abstrakten Gegensatz zur „Kleinheit" eines menschlichen Lebens bildet,[91] zumal dann nicht, wenn in ihm Werte wie Gerechtigkeit und Liebe verwirklicht werden, die im Universum sonst nirgendwo anzutreffen sind. Wahre Größe zeige sich darin, von einem Kleinen besessen zu werden.[92] Gottes Selbstverschenkung und Einwohnung im Herzen der Menschen ist daher eine höchst rationale Annahme des Glaubens, dessen Denkbarkeit sich aufzeigen lässt.

90 Vgl. dazu Joseph Ratzinger, Einführung in das Christentum (Anm. 3), 135f., 147ff.

91 Ratzinger spricht in seinem zweiten Interview mit Peter Seewald im Jahr 2000 davon, dass „Gott so groß ist, daß er klein werden kann": Gott und die Welt. Die Geheimnisse des christlichen Glaubens. Ein Gespräch mit Peter Seewald, München ^{2}2005, 25.

92 Joseph Ratzinger, Einführung in das Christentum (Anm. 3), 135, 147, bezieht sich auf den Sinnspruch, den Hölderlin seinem Roman Hyperion voranstellt: Non coerceri maximo, contineri tamen a minimo, divinum est, vgl. Friedrich Hölderlin, Sämtliche Werke 1, hg. v. Günter Mieth, Darmstadt ^{5}1989, 483.

Die bereits in seiner Bonner Antrittsvorlesung angemahnte Modifikation der griechischen Gottesvorstellung, die auch bei dieser fundamentaltheologischen Überlegung zur *theo*logischen Möglichkeit von Offenbarung maßgeblich wird, markiert allerdings keine Bemächtigung des philosophischen Denkens durch die Ansprüche des Glaubens; Ratzinger versteht diese Modifikation als philosophisch einsichtige Fortbestimmung: Wenn der Glaube die Größe Gottes neu denken lernt, so handelt es sich dabei um einen der philosophischen Theologie einsichtigen Vorgang. Manches Argument Ratzingers erinnert geradezu an Hegel: Wahre Unendlichkeit zeigt sich erst da, wo Gott nicht dem Endlichen abstrakt als das ganze Andere gegenübertritt, sondern auch im Anderen seiner selbst bei sich zu sein vermag,[93] eben: umgriffen vom Kleinen.

Für die definitive Einmaligkeit der Inkarnation rekurriert Ratzinger auf die Einzigkeit und Einmaligkeit Gottes: Wenn Gott selbst sich offenbart, stellt sich diese Einmaligkeit in einem einzelnen menschlichen Subjekt dar.[94] Ratzinger bietet dieses Argument im Kontext der religionspluralistischen These von einer Vielzahl von Inkarnationen.

9. Sapientiale Vernunft – Respekt vor der Freiheit und der Dialog der Kulturen

Die fundamentaltheologische Vernunft Ratzingers präsentiert also die wesentlichen gedanklichen Elemente für eine Philosophie des „Hörers des Wortes“ – trotz aller Rahner-Kritik.[95] Dennoch heißt

93 Vgl. Joseph Ratzinger, Einführung in das Christentum (Anm. 3), 135: „Gerade dieses Überschreiten des Größten und Hineinreichen ins Kleinste ist das wahre Wesen des absoluten Geistes.“

94 Vgl. Joseph Ratzinger / Benedikt XVI., Glaube – Wahrheit – Toleranz (Anm. 11), 85: „Die Einzigkeit Christi ist an die Einzigkeit Gottes gebunden und deren konkrete Gestalt.“

95 Vgl. Joseph Ratzinger, Theologische Prinzipienlehre (Anm. 69), 171–178; ders., Vom Verstehen des Glaubens. Anmerkungen zu Rahners Grundkurs des Glaubens, in: Theologische Revue 74 (1978) 178–186, bes. 184, 186.

dies nicht, Ratzinger würde apodiktische Gründe für die Möglichkeit der Offenbarung vorlegen. Die vermeintliche Schwäche seiner Argumentationsweise gründet letztendlich im Primat des Personalen und Besonderen, im Primat der Freiheit, den er in der *Einführung in das Christentum* als Proprium des Christlichen im Gegenzug zum Allgemeinheitsdenken der Griechen, nach dem das Individuum nur als Exemplar einer Gattung aufgefasst wird, profiliert.[96] Dem Respekt vor dem Personalen und der Freiheit des Menschen entspricht es, die entscheidenden Fragen des Daseins zwar rational vorzutragen, aber nicht als deduktive Ableitungen zu entwickeln, die die Freiheit des Menschen bezwingen und eine Zustimmung erzwingen wollen.[97] Die philosophische Selbstaufklärung des Subjekts als Vernunft und Freiheit kann nur in vernünftiger und in einer der Freiheit verpflichteten Weise geschehen: Die Freiheit kann den über sie entwickelten Begriff nur frei annehmen, weshalb dieser Begriff nicht die Form des Apodiktischen haben kann; vielmehr muss er einen rational begründeten Appell an die Freiheit darstellen. Ratzinger schwächt durch diese Argumentationsweise nicht die Vernunft; er hofft vielmehr auf die Stärke der Argumente und die Stärke und Offenheit der menschlichen Vernunft, die sich den vorgetragenen Argumenten annähert. Ratzinger entwickelt ein sapientiales Vernunftverständnis, das epistemische Extreme meidet und an der konkreten Situation der menschlichen Person interessiert ist.

Dieses Konzept ist sowohl für die Begegnung von Glaube und Vernunft geeignet als auch für den interreligiösen und interkulturel-

96 Vgl. Joseph Ratzinger, Einführung in das Christentum (Anm. 3), 148f.

97 Vgl. Joseph Ratzinger, Theologische Prinzipienlehre (Anm. 69), 178f.: Den Hang zum Systemzwang und zu einer die Heilsgeschichte durchschauenden Logik diagnostiziert Ratzinger in Rahners Denkansatz. In seiner Besprechung der Einführung in das Christentum wirft Walter Kasper nun Ratzinger vor, das Nicht-Notwendige des geschichtlichen Ereignisses ableiten zu wollen und sich daher in der gedanklichen Spur des idealistischen Systemsgedankens zu bewegen, der darauf abzielt, das „geschichtlich Zufällige als das Notwendige und damit die Identität von Freiheit und Notwendigkeit zu erweisen.“ (184) Vgl. dazu den Kommentar von Ratzinger Glaube, Geschichte und Philosophie. Zum Echo auf Einführung in das Christentum, in: Hochland 61 (1969) 533–543, bes. 536f.

len Dialog. Es verpflichtet zum Respekt voreinander, vor der anderen Kultur und verhindert einen philosophisch abstrakten, „kulturjenseitigen“ Standpunkt. In seinem Gespräch mit Habermas entwickelt Ratzinger den Gedanken einer „Korrelationalität von Vernunft und Glaube“ zwecks Verhinderung pathologischer Selbstverzerrungen von Vernunft und Glaube.[98] Ratzinger schlägt vor, sich auf ein Hören aller Kulturen einzulassen und eine polyphone Korrelation zu entwickeln, „so dass ein universaler Prozess der Reinigung wachsen kann, in dem letztlich die von allen Menschen irgendwie gekannten oder geahnten wesentlichen Werte und Normen neue Leuchtkraft gewinnen können, so dass wieder zu wirksamer Kraft in der Menschheit kommen kann, was die Welt zusammenhält“.[99]

10. Resümee

Ratzingers Vernunftkonzeption, das bei der Diskussion um Denkstile in der Fundamentaltheologie weiterhin von Relevanz sein wird, sei abschließend zusammengefasst: Das, was die Welt im Innersten zusammenhält, ist Ratzinger zufolge Logos, Sinn, Liebe, Vernunft. Diese vom christlichen Glauben in Anspruch genommene und vorausgesetzte Sinnhaftigkeit, Logizität und Vernünftigkeit des Seins kann von der Vernunft des Menschen erfasst werden („Mathematik des Seins“). Die Vernunft erweist sich dabei als nach-denkliche, als kreatürliche Vernunft. Ihr Identitätspunkt ist daher exstatisch; sie gehört sich, indem sie sich vom Logos herkünftig und sich ihm zugehörig weiß; er ist ihre eigene Innerlichkeit und Transzendenz. Das kreatürliche, exstatische Wesen der Vernunft, ihre Wahrheit, ist der Vernunft philosophisch zugänglich. Der Glaube kann sie deshalb zu Recht daran erinnern und dadurch beispielsweise den „Kulturimport“ einer hypertrophen Vernunftapotheose oder vernunftgestütz-

98 Joseph Ratzinger, Was die Welt zusammenhält. Vorpolitische moralische Grundlagen eines freiheitlichen Staates, in: Jürgen Habermas/Joseph Ratzinger, Dialektik der Säkularisation. Über Vernunft und Religion, hg. v. Florian Schuller, Freiburg u.a. 2005, 39–60, hier 57.

99 Ebd., 57f.

te Allmachtsphantasien in Frage stellen; der Glaube ist ein Mittel gegen Vernunftpathologien. Die Vernunft weiß sich als eine horizontal auf anderes bezogene Größe; ihre Transzendentalität ist ihre Welt-, Sprach- und Kulturoffenheit. Das ihr inhaltlich von Glaube und Kultur zugespielte Vernünftige überprüft sie nach dem Maßstab ihrer Kreatürlichkeit. Sie dient auf diese Weise auch dem Glauben; sie schützt ihn vor Pathologien, wenn er beispielweise Gott für endliche Zwecke instrumentalisiert und Gott damit zu einer bedingten Sache macht. Sie erweist die Denkbarkeit von Gottes Handeln in der Geschichte (Offenbarung). In ihrem Zusammenspiel sind christlicher Glaube und kreatürliche Vernunft interkulturell und interreligiös dialogfähig. Sie verpflichten zu Wahrheit und Respekt vor der Besonderheit des Anderen; sie sind sensibel für das Wahre und Gute anderer Kulturen und Religionen und entdecken mögliche Konvergenzen.

Ratzingers Vernunftverständnis verhindert, dass das Salz des Glaubens seinen Geschmack verliert und der Glaube dumm wird. Der Logos des Glaubens bringt gegebenenfalls die Vernunft zur Vernunft. Und der Logos der Liebe verbindet Glaube und Vernunft zu einer unvermischten und ungetrennten Einheit.

„Schriftauslegung im Widerstreit“

Joseph Ratzinger und die Exegese

Rudolf Voderholzer

1. „Das persönliche Credo des Papstes“[1]?

„Das persönliche Credo des Papstes“ – so lautet einer der Slogans, mit denen das Jesus-Buch Joseph Ratzingers/Benedikts XVI. beworben wurde.

Nun gehört zum richtigen Verständnis nicht nur von biblischen Texten sondern von Texten überhaupt die Berücksichtigung der „literarischen Gattung“, des „Kontextes“, des „Sitzes im Leben“ usw. Und so will ich jetzt nicht den Fehler begehen, einen Werbetext mit einer theologischen, dogmatischen oder gar lehramtlichen Aussage zu verwechseln. Mit dem Slogan soll vermutlich unterstrichen werden, dass der Papst gerade nicht *als* Papst, sondern als Theologe schreibt und dass deshalb auch theologisch kontrovers darüber diskutiert werden darf, dass es sich schließlich um ein Buch handelt, das durchaus den Charakter eines persönlichen Vermächtnisses trägt.

Gleichwohl handelt es sich zugleich um ein hochtheologisches Buch, und der Verlag, der es herausbringt und sich um eine gute Vermarktung große Verdienste erworben hat, ist ein Verlag mit theologischem Anspruch, sodass es doch ein wenig überrascht, dass der Begriff „Credo“, der im theologischen Kontext die präzise Bedeutung „kirchliches Glaubensbekenntnis“, „Regula fidei“, letztlich

1 Der einleitend problematisierte Text ist entnommen einer achtseitigen Werbebroschüre des Verlags Herder, Freiburg, mit einer Präsentation aller bei Herder erscheinenden Titel des Papstes (einschließlich der monographischen Sekundärliteratur) aus Anlass des 80. Geburtstages Benedikts XVI. am 16.04.2007.

sogar „Dogma“ hat, hier in einem säkularisierten und umgangssprachlichen Sinne verwendet wird. Strikt theologisch genommen wäre die Aussage, dass es sich bei Benedikts Jesus-Buch um sein persönliches Credo handelt, nicht nur gewagt, sondern irreführend. Die Begründung für dieses Urteil führt uns geradewegs zum Thema „Ratzinger und die Exegese“.[2]

2. Glaubenhermeneutik als Tür zum Geheimnis Jesu Christi

Das Jesus-Buch des Papstes ist in seinem Ansatz gerade dadurch gekennzeichnet, auf einen nur persönlichen Zugang zu verzichten, sich gerade nicht auf eine nur persönlich zu verantwortende historisch-kritische Rekonstruktion zu stützen, sondern den Glauben der

2 Rezeption und Diskussion der Theologie Joseph Ratzingers sind in vollem Gange. Auch zu dem mir gestellten Thema liegen zwei ganz neue Wortmeldungen vor. Die eine vom Exegeten Thomas Söding, die andere von einem Systematiker und Schüler Ratzingers, Hansjürgen Verweyen. Ders., Joseph Ratzinger – Benedikt XVI. Die Entwicklung seines Denkens, Darmstadt 2007. Vgl. schon vorausgehend ders., Glaubensverantwortung vor der historischen Vernunft. Unbewältigte Fragen des 20. Jahrhunderts, in: Michael Böhnke/Michael Bongardt/Georg Essen/Jürgen Werbick (Hg.), Freiheit Gottes und der Menschen. Festschrift für Thomas Pröpper, Regensburg 2006, 275–295. Thomas Söding, Die Seele der Theologie. Ihre Einheit aus dem Geist der Heiligen Schrift in Dei Verbum und bei Joseph Ratzinger, in: IKaZ 35 (2006) 545–557; ders., Die Lebendigkeit des Wortes Gottes. Das Verständnis der Offenbarung bei Joseph Ratzinger, in: Frank Meier-Hamidi/Ferdinand Schumacher (Hg.), Der Theologe Joseph Ratzinger (QD 222), Freiburg 2007, 12–55. Während der Exeget dankbar vermerkt, dass Ratzinger mit der Maßgabe des II. Vatikanums, die Schriftauslegung müsse „Mitte und Seele der Theologie“ sein, ernst mache und auch Ratzingers Kritik an bestimmten Mängeln bei der Anwendung der historisch-kritischen Methoden als gerade im Sinn einer sachgemäßen Schriftauslegung für berechtigt hält, meint der Fundamentaltheologe Verweyen ein eher gestörtes Verhältnis Ratzingers zur historischen Kritik konstatieren zu müssen.

Kirche als den allein passenden Schlüssel zum Verständnis der Gestalt Jesus von Nazareth zu erklären.[3]

Eine der Kernaussagen von Ratzingers Theologischer Prinzipienlehre lautet: Das Subjekt des Credo, des Taufbekenntnisses, ist nicht der isolierte Einzelne, sondern das Subjekt des Glaubens ist die Kirche in ihrer Raum und Zeit überspannenden überindividuellen Einheit.[4] Und der Glaube dieser Gemeinschaft ist der Geist, aus dem die Schriften des Neuen Testamentes entstanden sind und in dem allein sie richtig verstanden werden können. Was er in den hermeneutischen Vorbemerkungen des Jesus-Buches schreibt, hat er oft und oft schon zuvor unmissverständlich zum Ausdruck ge-

3 Vgl. Joseph Ratzinger, Zur Frage nach Grundlagen und Weg der Exegese heute, in: ders. (Hg.), Schriftauslegung im Widerstreit (= QD 117), Freiburg 1989, 15–44, 43f.: Die Exegese müsse, wolle sie Theologie sein, anerkennen, „dass der Glaube der Kirche jene Art von Sym-pathie ist, ohne die sich der Text nicht öffnet. Sie muss diesen Glauben als Hermeneutik, als Ort des Verstehens anerkennen, der die Bibel nicht dogmatisch vergewaltigt, sondern die einzige Möglichkeit bietet, sie sie selber sein zu lassen. […] Vielleicht kann die Aporie der gegenwärtigen Versuche dazu dienen, nun auch neu zu begreifen, dass tatsächlich der Glaube jener Geist ist, aus dem die Schrift geboren wurde und daher die einzige Tür, um in ihr Inneres einzutreten." Auch für seinen eigenen Versuch erbittet Ratzinger einen „Vorschuss an Sympathie", der die Voraussetzung ist für ein wahres Verstehen: Joseph Ratzinger/Benedikt XVI., Jesus von Nazareth, Freiburg 2007, 22. In der Tat ist für jede personale Selbsterschließung eine Hermeneutik des Einverständnisses unabdingbare Verstehensbedingung. Eine Hermeneutik des Verdachts, die jeglicher Form von Offenbarung und jeglicher freien personalen Selbsterschließung von vornherein mit Misstrauen begegnet, mag einer auf Versuch und Irrtum gründenden naturwissenschaftlichen Methodologie genügen, verschließt sich aber im Bereich von Geist und Freiheit eine wenn nicht die wesentliche Wirklichkeitsdimension.

4 Vgl. etwa Joseph Ratzinger, Theologische Prinzipienlehre. Bausteine zur Fundamentaltheologie, München 1982, 23: „Das Ich des Credo schließt also den Übergang vom privaten Ich zum ekklesialen Ich ein. In der Subjektform ist demgemäß das Ich der Kirche vom Credo strukturell vorausgesetzt: Nur in der communio der Kirche spricht sich dieses Ich aus; […]." Dort auch der Hinweis auf Henri de Lubac, Credo, Einsiedeln 1975, sowie auf Joseph Ratzinger, Einleitung und Kommentar zu den Thesen I–VIII und X–XII, in: Internationale Theologenkommission (Hg.), Die Einheit des Glaubens und der theologische Pluralismus, Einsiedeln 1973, 11–51; 61–67.

bracht, z. B. in seiner kurzen Antwort auf die Frage „Was bedeutet Jesus für mich?" aus dem Jahr 1973:

> „Die kirchliche Tradition, in der die von Jesus gegründete Geschichtsbewegung lebenskräftig geblieben ist bis heute, gibt mir zugleich Vertrauen zur biblischen Tradition, der ich mehr Wirklichkeit zutraue als den Versuchen, einen chemisch reinen historischen Jesus aus der Retorte der historischen Vernunft zu rekonstruieren. Ich vertraue der Tradition in ihrer ganzen Breite. Und je mehr Rekonstruktionen ich kommen und wieder gehen sehe, desto mehr fühle ich mich in diesem Vertrauen bestärkt. Es wird mir immer deutlicher, dass die Hermeneutik von Chalkedon die einzige ist, die nichts weginterpretieren muss, sondern das Ganze annehmen kann."[5]

Der Mangel der vielen Rekonstruktionen der Leben-Jesu-Forscher, die Jesus bald als „Revolutionär", bald als „Moralprediger", bald als „neuen Mann" usw. präsentierten, ist gerade dieses Verfangensein im nur persönlichen und im Vertrauen auf die Kraft eigener Rekonstruktionsbemühungen, die letztlich aber anerkanntermaßen dazu führten, dass jeder nur seine eigenen Lieblingsideen in Jesus hineinprojiziert und so den wahren Jesus der Geschichte gerade nicht zu Gesicht bekommt. Wenn es ein persönliches Credo Ratzingers/Benedikts gibt, dann dies, dass ein nur persönliches Credo die Gestalt Jesu immer verfehlen wird.

Die Provokation, die Ratzingers Bibelhermeneutik darstellt – und das Jesus-Buch setzt ein lebenslanges Ringen um diese Fragen voraus – besteht darin, diesen Mehrwert der Glaubensauslegung vor der persönlich-historischen Auslegung nicht nur fideistisch zu behaupten, sondern ihn auch zu begründen und in der Grundlagendis-

5 Joseph Ratzinger, Antwort [auf die Frage: Wer ist Jesus von Nazaret – für mich?], in: Heinrich Spaemann (Hg.), Wer ist Jesus von Nazaret – für mich? 100 zeitgenössische Antworten, München 1973, 23–26; u. d. T. „Was bedeutet Jesus Christus für mich?" in: Joseph Ratzinger, Dogma und Verkündigung, München 1973, 137–140, 138.

kussion mit anders lautenden Tendenzen der biblischen Hermeneutik zu diskutieren.

Dass dies zu den Charakteristika des Theologen Joseph Ratzinger gehört, kann ein vergleichender Blick etwa auf die Kollegen Karl Rahner oder Hans Küng verdeutlichen. Angesichts einer immer selbstbewusster auftretenden und sich zur theologischen Hauptdisziplin erklärenden historisch-kritischen Exegese mit ihrer vermeintlichen Erschütterung der biblischen Basis wesentlicher Inhalte des kirchlichen Glaubens zeichneten sich zwei unterschiedliche Verhaltensweisen ab: Für die eine steht Karl Rahner. Von einer hyperkritischen Position, wie sie ihm vor allem in Anton Vögtle begegnete, geradezu eingeschüchtert, zog er sich auf einen von der Exegese letztlich unangreifbaren dogmatischen Standpunkt zurück.[6] Für Ratzinger ist das kein gangbarer Weg, weil es einer Distanzierung der Theologie von ihren Grundlagen gleichkommt.[7] Der Dogmatiker darf sich von der Exegese nicht das Recht der biblischen Begründung des Glaubens bestreiten lassen und die Zuständigkeit für biblische Fragen restlos an die Fachexegese abtreten.

Das andere Extrem stellt Hans Küngs Bibelhermeneutik dar. Küng hat sich nicht erst in „Christ sein" (1974), sondern vorausgehend und grundsätzlich in „Menschwerdung Gottes" (1970) in-

6 Vgl. Thomas Söding, Exegese und Theologie. Spannungen und Widersprüche, Kohärenzen und Konvergenzen aus katholischer Perspektive, in: ThRv 99 (2003) 3–20.

7 Vgl. Joseph Ratzinger, Schriftauslegung im Widerstreit (Anm. 3), 15f. In einer Situationsbeschreibung spricht Ratzinger von den „Vorsichtigen unter den Systematischen Theologen", die nach einer Theologie Ausschau hielten, die von der Exegese möglichst unabhängig ist. Er nennt selbst als Beispiel zunächst Karl Rahner, dem es zumindest in seinem Grundkurs (vgl. Grundkurs des Glaubens, Freiburg 1976, 25 u. ö.) darauf ankam, diesen von der Exegese weitgehend unabhängig zu halten, zum anderen Paul Tillich, dessen dreibändige Systematische Theologie für das den Schriftgebrauch erschließende Schriftstellenregister gerade einmal knapp zwei Seiten benötigt. Ratzingers Wertung: „Aber was kann eine Theologie schon wert sein, die zu ihren eigenen Grundlagen auf Distanz geht?" (ebd.).

tensiv mit der Geschichte der Exegese befasst,[8] sich letztlich dann aber doch unkritisch einer bestimmten historischen Interpretationsrichtung ausgeliefert. Dass Küng einer von einer solchen historischen Exegese dominierten Theologie letztlich das wahre Lehramt der Kirche zuspricht, hat mehrfach Ratzingers entschiedenen Widerspruch herausgefordert.[9] Und in der Tat zeigt sich auch bei Küng, wohin eine das kirchliche Dogma als Auslegungsregel verabschiedende Christologie führt. Ganz im Fahrwasser des von Harnack propagierten Hellenisierungsvorwurfs geht er davon aus, der vermeintlich wahre historische Jesus sei vom Gottessohn des Glaubens in den „Schatten“ gestellt worden. Und dann löst er die kraftvolle Christologie des Neuen Testaments ab durch eine Jesulogie, die alles um einen neuen, allerdings merklich blassen und verstaubten juridischen Titel kreisen lässt, nämlich den des „Sachwalters“ Gottes und der Menschen, ein Titel, der mehr an die etwas muffige Atmosphäre eines Seminarraums in Tübingen als an die sonnige Weite Galiläas und die Freude des Ostermorgens erinnert.[10]

Es bedarf zwar eigentlich keiner Erwähnung, doch sicherheitshalber sei es gleich an dieser Stelle festgehalten: Ratzinger lehnt die historisch-kritische Forschung nicht ab. Es gibt für ihn kein Zurück hinter die seriösen Einsichten der Exegese. Auch in seinem neuen Buch ist er ständig im wenn auch kritischen Gespräch mit wichtigen Vertretern der historischen Exegese, deutschen und französischen, katholischen und protestantischen. Im Kommentar zur Offenbarungskonstitution des Zweiten Vatikanischen Konzils „Dei Verbum“, worin in Artikel 12 die Methoden der historischen Kritik

8 Vgl. Hans Küng, Menschwerdung Gottes. Eine Einführung in Hegels theologisches Denken als Prolegomena zu einer künftigen Christologie, München-Zürich ²1989 [Erstausgabe 1970].

9 Joseph Ratzinger, Widersprüche im Buch von Hans Küng, in: Karl Rahner (Hg.), Zum Problem der Unfehlbarkeit. Antworten auf eine Anfrage von Hans Küng (= QD 54), Freiburg 1971, 97–116.

10 Hans Küng, Christsein, München-Zürich 1974, 283f. Vgl. dazu: Alois Grillmeier, Jesus von Nazaret – im Schatten des Gottessohnes?, in: Hans Urs von Balthasar (u. a.), Diskussion über Hans Küngs „Christ sein“, Mainz 1976, 60–82, hier 80–82, sowie Joseph Ratzinger, Wer verantwortet die Aussagen der Theologie?, ebd., 7–18.

endgültig als notwendige Instrumente zur Erforschung des Sinns der Schrift erklärt werden, nennt Ratzinger 1967 auch die theologische Begründung dafür. Denn das Zweite Vatikanische Konzil hat die historische Kritik nicht einfach nur *nolens volens* zugelassen, weil sie nicht mehr abzuwenden war. Der letztlich in der Inkarnation des Logos gründende menschlich-geschichtliche Charakter des Schriftwortes verlangt auch nach einer historischen Vergewisserung, und so entspricht die historisch-kritische Exegese dem Anspruch und der Struktur des Christlichen selbst.[11] Die Inkarnation des Logos, das Eingehen des Logos in die Geschichte verlangt auch das Ernstnehmen der Geschichte.

Im Folgenden soll zunächst gezeigt werden, wie Ratzinger seinen Ansatz aufgrund schrifttheologischer Einsichten begründet.

3. Schrifttheologische Vergewisserungen

Ein erster Schritt schrifttheologischer Vergewisserung muss die Frage klären, worin das Wesen der Bibel im Bezug auf die dem christlichen Glauben zugrunde liegende Offenbarung besteht.

11 Vgl. Joseph Ratzinger, Einleitung, in: Einleitung und Kommentar zum Vorwort und zu Kapitel I, II und VI der Offenbarungskonstitution Dei Verbum, in: LThK² Erg.-Bd. II, Freiburg 1967, 498–528, 571–581, 499. Vgl. auch Joseph Ratzinger/Benedikt XVI., Jesus von Nazareth (Anm. 3), 14f.: „Da gilt zunächst, dass die historische Methode – gerade vom inneren Wesen der Theologie und des Glaubens her – eine unverzichtbare Dimension der exegetischen Arbeit ist und bleibt. Denn für den biblischen Glauben ist es wesentlich, dass er sich auf wirklich historisches Geschehen bezieht. [...] Wenn wir diese Geschichte wegschieben, wird der christliche Glaube als solcher aufgehoben und in eine andere Religionsform umgeschmolzen. Wenn also Geschichte, Faktizität in diesem Sinn, wesentlich zum christlichen Glauben gehört, dann muss er sich der historischen Methode aussetzen – der Glaube selbst verlangt das."

3.1 Mit Bonaventura: Offenbarung geht der Schrift voraus, ist mehr als „geschrieben steht", und das Christentum ist keine Buchreligion

Frucht seiner Studien über den Offenbarungsbegriff des hl. Bonaventura, Ratzingers Habilitationsprojekt,[12] war insbesondere die Einsicht, dass Offenbarung als ein personal-dialogisches Geschehen der Schrift voraus liegt und in der Schrift bezeugt wird, jedoch nicht mit der Schrift identisch ist.[13] Die Offenbarung als ein lebendiges Geschehen liegt der Schrift voraus, weshalb die Bibel auch nicht einfach als Offenbarung, und das Christentum – im Unterschied zum Islam – nicht als Buchreligion bezeichnet werden können. Ein weiteres kommt hinzu: Weil es sich bei der Offenbarung um ein dialogisches Geschehen handelt, kommt sie erst zum Abschluss und zur Vollendung, wenn sie im Gegenüber, dem Adressaten der Offenbarung, auf gläubige Annahme gestoßen ist. Eine Offenbarung ohne Annahme der Offenbarung kann dementsprechend nicht als Offenbarung bezeichnet werden, weil niemandem etwas

12 Joseph Ratzinger, Die Geschichtstheologie des heiligen Bonaventura, München/Zürich 1959. St. Ottilien ²1992. Vermutlich eine Teilveröffentlichung des vom Zweitgutachter Michael Schmaus kritisierten und vom Autor dann zurückgezogenen ersten Teils der Arbeit liegt vor mit: Joseph Ratzinger, Offenbarung – Schrift – Überlieferung. Ein Text des hl. Bonaventura und seine Bedeutung für die gegenwärtige Theologie, in: TThZ 67 (1958) 13–27. Vgl. auch: ders., Die Krise der Katechese und ihre Überwindung. Rede in Frankreich, Einsiedeln 1983, 13–39. Zum ganzen: Rudolf Voderholzer, Dogmatik im Geiste des Konzils. Die Dynamisierung der Lehre von den Loci theologici durch die Offenbarungskonstitution „Dei Verbum", in: TThZ 115 (2006) 149–166.

13 Joseph Ratzinger, Aus meinem Leben (1927–1977), Stuttgart 1998, 84: „Diese bei der Lektüre Bonaventuras gewonnenen Einsichten sind mir später, beim konziliaren Disput über Offenbarung, Schrift, Überlieferung sehr wichtig geworden. Denn wenn es so ist, dann liegt Offenbarung der Schrift voraus und schlägt sich in ihr nieder, ist aber nicht einfach mit ihr identisch. Das aber heißt dann, dass Offenbarung immer größer ist als das bloß Geschriebene. Und das wieder bedeutet, dass es ein reines ‚Sola scriptura' (‚durch die Schrift allein') nicht geben kann, dass zur Schrift das verstehende Subjekt Kirche gehört, womit auch schon der wesentliche Sinn von Überlieferung gegeben ist."

offenbar geworden ist. Zur Offenbarung gehört also konstitutiv die Kirche als gläubiges Subjekt und als Subjekt von Tradition im Sinne der Weitergabe einer lebendigen Wirklichkeit. Die Offenbarungskonstitution Dei Verbum spricht denn auch im ersten Kapitel „De ipsa revelatione" in Art. 5 vom Glauben und bringt damit zum Ausdruck, dass der Glaubensakt der Kirche zur Offenbarung selbst hinzugehört[14] und eine wesentliche Voraussetzung ist für Tradition und Schrift als Medien der Weitergabe der Offenbarung. Erst wo Petrus antwortet: „Du bist der Messias, der Sohn des lebendigen Gottes" (Mt 16,17), vollendet sich die Offenbarung, weil die Selbstmitteilung beim Adressaten angekommen ist.

Aus diesem Offenbarungsverständnis ergibt sich auch, dass die Worte und Buchstaben der Schrift nicht ins nur Historische verbannt und somit zu toten Buchstaben gemacht werden dürfen, spricht durch sie doch das lebendige Wort Gottes (vgl. 1 Thess 2,13). In seiner Predigt über den Wappenspruch des früheren Münchener Erzbischofs Kardinal Faulhaber (1869–1952) „vox temporis – vox Dei" interpretiert Ratzinger diesen ganz im Sinne seiner eigenen Hermeneutik:

> „Die Stimme der Zeit ist die Stimme Gottes. In diesem Wahlspruch lag eine explosive, vorwärtsdrängende Kraft. Der so sprach, wollte nicht nur überkommene Formeln und Formen bewahren, sondern Gott im Heute neu vernehmen. Der so sprach, suchte das Gute und die Erkenntnis der Wahrheit nicht bloß im Vergangenen; er war überzeugt, dass Gott jeder Zeit gegenwärtig ist. Er war überzeugt, dass Gott auch in dieser Zeit zu uns spricht und durch unsere Zeit hindurch uns anredet. Das Wort Gottes ist unerschöpflich, es ist nie ausgelotet, nie ausgelitten und nie ausgedacht; jede Zeit eröffnet neue Wege in es hinein, so dass

14 Vgl. Henri de Lubac, Die göttliche Offenbarung. Kommentar zum Vorwort und zum Ersten Kapitel der dogmatischen Konstitution „Dei Verbum" des Zweiten Vatikanischen Konzils (= Theologia Romanica 26), Freiburg 2001, 154–184.

es in jeder Zeit Gegenwart ist, in der Gott hier und heute zu uns spricht."[15]

Ein zweiter Schritt historischer Vergewisserung gibt mir Gelegenheit, auf zwei von Ratzinger überaus geschätzte Exegeten zu sprechen zu kommen.

3.2 Mit Heinrich Schlier und Franz Mußner: Das Dogma geht zeitlich und sachlich der Schrift voraus

Der erste ist Heinrich Schlier (1900–1978), dem Ratzinger in Bonn begegnete, allerdings nicht als Kollege in der eigenen Fakultät. Schlier, Bultmann-Schüler und angesehener Exeget, war 1953 aufgrund seiner historischen Einsichten zu der Überzeugung gelangt, dass die katholische Verhältnisbestimmung von Schrift und Tradition den historischen Tatsachen gerecht wird, und er hat die Konsequenzen gezogen und war katholisch geworden.[16] Sein Aufsatz „Kerygma und Sophia. Zur neutestamentlichen Grundlegung des Dogmas", aufgenommen in den Sammelband „Die Zeit der Kirche" begründet überzeugend, dass eine Entgegenstellung von Tradition, die sich im Dogma verdichtet, und Heiliger Schrift historisch ganz abwegig ist. Einer historischen Analyse zeigt sich vielmehr, dass die tragenden Elemente der Schrift und sozusagen die Kristallisationskerne der Schriftwerdung die im NT enthaltenen Credo-Formeln sind. Sie gehen der Schrift zeitlich und, wie Schlier ausdrücklich sagt, auch sachlich voraus. Sie sind Ausdruck einer sich gerade „explosionsartig" nach den Ereignissen von Tod und Auferstehung Jesu

15 Joseph Ratzinger, Die Stimme der Zeit – die Stimme Gottes. Michael Kardinal Faulhaber, in: ders., Christlicher Glaube und Europa. 12 Predigten, herausgegeben vom Pressereferat der Erzdiözese München und Freising, München 1981, 127–134, 128f.

16 Vgl. Heinrich Schlier, Kurze Rechenschaft, in: ders., Der Geist und die Kirche. Exegetische Aufsätze und Vorträge, hg. von Veronika Kubina und Karl Lehmann, Freiburg 1980, 270–289.

in der Urkirche ausbildenden expliziten Christologie.[17] Schlier hat für diese Credo-Formeln den Terminus technicus „Praesymbola" geprägt.[18] Ratzinger, der mit Schlier zusammen in den Jahren 1970 bis 1977 je einen einwöchigen Ferienkurs angeboten und nach eigenen Worten von Schlier viel empfangen hat,[19] kommt an entscheidenden Stellen seiner Argumentation immer wieder auf diesen Aufsatz von Schlier zurück.[20] Das die mündliche Tradition verdichtende christologische Dogma ist nicht die nachträgliche Zusammenfassung einer

17 Wenn Joseph Ratzinger/Benedikt XVI. in Jesus von Nazareth (Anm. 3), 21, davon spricht, schon etwa 20 Jahre nach Jesu Tod liege im Christus-Hymnus des Philipper-Briefes eine voll entfaltete Christologie vor, dann paraphrasiert der Autor Aussagen von Martin Hengel, Der Sohn Gottes. Die Entstehung der Christologie und die jüdisch-hellenistische Religionsgeschichte, Tübingen [2]1977, 11, und Thomas Söding (vgl. Christ in der Gegenwart 56 [2004] 7. Vgl. ders., Der Gottessohn aus Nazareth. Das Menschsein Jesu im Neuen Testament, Freiburg 2006, 17–19), die diese „Explosion der Christologie" (Söding) kommentieren mit der Bemerkung, in diesen ersten 20 Jahren habe sich christologisch mehr getan als in den folgenden 700 Jahren oder gar bis in die Gegenwart.

18 Heinrich Schlier, Kerygma und Sophia, in: ders.: Die Zeit der Kirche, Freiburg 1955, 206–232, hier 216, Anm. 17.

19 Joseph Ratzinger, Aus meinem Leben (Anm. 13), 159. Ratzinger hat zum postum veröffentlichten Aufsatzband Schliers „Der Geist und die Kirche" (1980) ein ausführliches Vorwort (S. VII–X) geschrieben. Vgl. auch das Vorwort zur italienischen Ausgabe von Schliers Buch „Über die Auferstehung Jesu Christi" (Einsiedeln 1968), dt.: Joseph Ratzinger, Ein ihrem Denken und Wollen vorausgehendes Widerfahrnis, Vorwort zur italienischen Übersetzung von H. Schliers „Über die Auferstehung Jesu Christi", in: 30 Tage 5/2004, 40–41. Schliers hermeneutische Position in der Frage des Zugangs zum historischen Jesus ähnelt stark demjenigen Ratzingers/Benedikts: Vgl. Heinrich Schlier, Zur Frage: Wer ist Jesus?, in: Joachim Gnilka (Hg.), Neues Testament und Kirche. Festschrift Rudolf Schnackenburg, Freiburg 1974, 359–370. Auch in: Heinrich Schlier, Der Geist und die Kirche. Exegetische Aufsätze und Vorträge IV, postum herausgegeben von Veronika Kubina und Karl Lehmann. Mit einem Geleitwort von Joseph Kardinal Ratzinger, Freiburg 1980, 20–32. Merkwürdigerweise fehlt ein Hinweis auf diesen wichtigen Aufsatz in der Literaturliste des Jesus-Buches des Papstes.

20 Vgl. Joseph Ratzinger, Rez. Adam, Alfred: Lehrbuch der Dogmengeschichte I: Die Zeit der Alten Kirche, Gütersloh 1965, in: JAC 10 (1967) 217–222, hier 220, und: Joseph Ratzinger, Rez. Nolte, J.: Dogma in Geschichte. Versuch einer Kritik des Dogmatismus in der Glaubensdarstellung (= Ökumenische

undogmatischen, nur rein erzählenden Evangelienliteratur, sondern deren inneres Gerüst.[21] Bei der Arbeitstagung der deutschsprachigen Dogmatiker und Fundamentaltheologen in Untermarchtal im Januar 1969, die der Frühgeschichte der Christologie gewidmet war, hat Schlier alle aus dem Neuen Testament herauszupräparierenden Praesymbola vorgestellt.[22]

Franz Mußner, um nun den zweiten mit Ratzinger nicht nur befreundeten[23], sondern auch viel mit ihm zusammenarbeitenden Ex-

Forschungen, Soteriologische Abt. Bd. III), Freiburg 1971, in: ThRv 70 (1974) 89–96, hier: 94.

21 Im Gespräch mit Vittorio Messori fasst Ratzinger Schliers Einsichten und die daraus gezogene Konsequenz so zusammen: „Indem Schlier das *Sola Scriptura*-Prinzip konsequent zu Ende führte, hat er gemerkt, dass der ‚Katholizismus‘ bereits im Neuen Testament da ist. Denn dort gibt es schon das Verständnis einer lebendigen Kirche, der der Herr sein lebendiges Wort anvertraut hat. Ganz gewiss gibt es in der Heiligen Schrift nicht die Idee, dass sie selbst ein archäologisches Fossil sei, eine disparate Sammlung von Quellen, die archäologisch und paläontologisch zu erforschen wären! Schlier ist so mit innerer Folgerichtigkeit in die katholische Kirche eingetreten. Andere seiner protestantischen Kollegen sind nie so weit gegangen, aber die Anwesenheit des Katholischen in der Bibel selbst wird kaum noch bestritten“ (Joseph Ratzinger, Zur Lage des Glaubens. Ein Gespräch mit Vittorio Messori, München 1985, 175).

22 Vgl. Heinrich Schlier, Die Anfänge des christologischen Credo, in: Bernhard Welte (Hg.), Zur Frühgeschichte der Christologie. Ihre biblischen Anfänge und die Lehrformel von Nikaia (= QD 51), Freiburg 1970, 13–58; von Ratzinger/Benedikt XVI. in Jesus von Nazareth (Anm. 3), 415, ausdrücklich als „wichtig“ qualifiziert. Auch Ratzinger nahm an dieser Tagung teil, sein Referat kam allerdings aus Zeitmangel nicht mehr zum Vortrag und ist veröffentlicht als: Joseph Ratzinger, Die Christologie im Spannungsfeld von altchristlicher Exegese und moderner Bibelauslegung, in: Johannes Tenzler (Hg.), Urbild und Abglanz. FS für Herbert Doms, Regensburg 1972, 359–367. Ratzinger zeigt, dass die „Antithese zur Ontologie […] kein *Produkt* der Exegese [ist], sondern ihr modernes Apriori; das Neue Testament kennt keinen Antihellenismus, es versteht sich vielmehr als die Bewegung des Übergangs der Botschaft von den Juden zu den Hellenen, ein Gedanke, der in der Apostelgeschichte rückschauend thematisiert und reflektiert wird.“

23 Vgl. Joseph Ratzinger, Schriftauslegung im Widerstreit (Anm. 3), 10. Zu zwei Werken Mußners hat Ratzinger Vorworte geschrieben. Joseph Ratzinger, Geleitwort zu: Franz Mußner, Die Mutter Jesu im Neuen Testament, St. Ottilien

egeten, seinen Kollegen in Regensburg, zu nennen, hat diese Gedanken Schliers fortgesetzt. Warum eigentlich, so fragt Mußner, hat man sich in der Urkirche nicht mit der Homologese begnügt? Mußner nennt drei Gründe. Der erste Grund für die Etablierung der Evangelienliteratur liegt in der Notwendigkeit, die Legitimität der Homologese durch den Rekurs auf den irdischen Jesus zu erweisen. Die Evangelien geben genau dies in unterschiedlich deutlicher Weise selbst zu erkennen. Um es nur an einem Beispiel zu verifizieren: Die ursprünglich letzten Verse des Johannesevangeliums (20,30f) nennen das zur Abfassung der vorangehenden Schrift drängende Motiv: „Noch viele andere Zeichen, die in diesem Buch nicht aufgeschrieben sind, hat Jesus vor den Augen seiner Jünger getan. Diese aber sind aufgeschrieben, damit ihr glaubt, dass Jesus der Messias ist, der Sohn Gottes, und damit ihr durch den Glauben das Leben habt in seinem Namen."[24] Mußner spricht davon, dass die Evangelien gewissermaßen als „Schriftbeweis" für den in der Kirche, ihrer Verkündigung und Liturgie bereits lange Zeit lebendigen Glauben an Jesus den Christus, Herrn und Sohn Gottes verfasst wurden.

Zum Motiv der Glaubensbegründung kommt nach Mußner das Motiv der Interpretation hinzu, im Sinne einer Antwort auf die Frage: In welchem Sinne bezeugt die Kirche Jesus als den Christus? Schließlich nennt er das Motiv der Sicherung gegen eine drohende Enthistorisierung der Jesus-Gestalt. Als exegetische Basisvoraussetzung auch für Joseph Ratzinger ist festzuhalten: Die Evangelienliteratur ist verfasst, um den in der Homologese längst bezeugten

1993, 7–12; Geleitwort zu: Franz Mußner, Was hat Jesus Neues in die Welt gebracht?, Stuttgart 2001, 7–8.

24 Vgl. auch Franz Mußner, Die johanneische Sehweise (= QD 28), Freiburg 1965, 71: „Gewiss ist der religionsgeschichtliche Hintergrund der johanneischen Theologie von sehr differenzierter Art, aber die in dem alten Bekenntnis enthaltene Grundgleichung ‚Jesus [und zwar der gekreuzigte] = der Christus und Sohn Gottes' wird konsequent und programmatisch festgehalten (Joh 20,31; 1 Joh); d.h. das Vor-Urteil wird aus jener apostolischen Christustradition gewonnen, die im ganzen Neuen Testament bezeugt ist." Vgl. auch: Thomas Söding, Die Schrift als Medium des Glaubens. Zur hermeneutischen Bedeutung von Joh 20,30f., in: Knut Backhaus/Franz Georg Untergassmair (Hg.), Schrift und Tradition. FS für Josef Ernst, Paderborn 1996, 343–371.

Glauben zu begründen. Die Evangelien sind dem entsprechend auch nicht als Korrektiv zur Homologese zu verstehen.

Zu den Charakteristika der Schrifttheologie Ratzingers gehört schließlich drittens ein tiefes Bewusstsein der Einheit von Altem und Neuem Testament.

3.3 Die Einheit der Schrift: „Kanonische Exegese“

In den mir vorliegenden nicht-autorisierten Vorlesungsmitschriften der Christologie-Vorlesungen aus dem Jahre 1958/59 und 1966/67 nimmt das Thema „Concordantia testamentorum“, „Verheißung und Erfüllung“, also grundsätzlich die Verhältnisbestimmung von Altem und Neuem Testament breiten Raum ein und zeigt, wie für Ratzinger die Einheit der Schrift immer ein theologisches Erkenntnisprinzip gebildet hat. Jeder Leser des Jesus-Buches wird sofort bestätigt finden, in wie hohem Maße Ratzinger ernst macht mit der Einsicht, die ihm von seiner Beschäftigung mit den Kirchenvätern her zugewachsen war und die Augustinus in die klassische Formel gegossen hatte: „Novum [Testamentum] in Vetere latet, Vetus in Novo patet.“[25] Diese Einheit der Schrift ist keine statische, sondern eine christologisch-pneumatologisch vermittelte Einheit, insofern das Neue Testament das Schrift gewordene Zeugnis der Urkirche über Jesus Christus als die Erfüllung der Verheißungen des Alten Bundes in den Ausdrucksmitteln des Alten Testaments darstellt.[26]

Diese uralte Einsicht, die Ratzingers Theologie von Anfang an prägt, hat in den letzten dreißig Jahren eine ganz ungeahnte Bestätigung gefunden aus der Arbeit historisch-kritischer Exegese selbst heraus. Ratzinger spricht diese so genannte „kanonische Exegese“ (von Brevard S. Childs vor allem propagiert[27]) im Jesus-Buch an und

25 „Das Neue Testament liegt im Alten verborgen, das Alte liegt offen im Neuen.“ (Augustinus, Quaest. in Hept. 2, 73: PL 34, 623, zitiert in DV 16.).

26 Joseph Ratzinger, Ein Versuch zur Frage des Traditionsbegriffs, in: ders., zus. mit Karl Rahner, Offenbarung und Überlieferung (= QD 25), Freiburg 1965, 25–69, 36f.

27 Vgl. Brevard S. Childs, Die theologische Bedeutung der Endform eines Tex-

er begrüßt sie als wichtigen Schritt auf eine sachgemäße Schriftauslegung hin. Allerdings war Ratzinger schon vor dem Auftreten des „Canonical approach“ von der Einheit der Schrift und ihrer theologischen Tragweite überzeugt. Im Aufsatz über die Schrifthermeneutik des Katechismus der Katholischen Kirche aus dem Jahre 2003 stellt er mit Genugtuung fest, dass der Katechismus mit seiner Wiederaufnahme der Lehre vom vierfachen Schriftsinn nicht etwa ins Mittelalter zurückgefallen, sondern im Gegenteil seiner Zeit weit voraus war.[28]

Kanonische Exegese heißt zunächst anerkennen: Die Bibel ist ein Buch der Kirche, sie ist hervorgegangen aus der kirchlichen Überlieferung. Ihr Umfang und ihre Endgestalt, der Kanon,[29] wurde von der Kirche festgelegt, indem inspirierte von nicht-inspirierten Schriften unterschieden wurden. Ohne diese Qualität zerfällt die Bibel in eine Sammlung heterogener antiker Texte. Die Schrift, die sich als eine Textendgestalt in der Einheit von Altem und Neuem Testament präsentiert, will auch in dieser ihrer „final form“, wie Childs sich ausdrückt, gelesen und interpretiert werden.

Doch der Beitrag der Kirche als Glaubensgemeinschaft steht nicht erst am Ende des Kanonisierungsprozesses, sondern er begleitet den Prozess der Schriftwerdung von Anfang an. In der alttestamentlichen Theologie wurde und wird gegenwärtig immer klarer erkannt: Die Texte entstanden in einem lang andauernden Prozess immer neuer Fortschreibungen, basierend auf Neudeutungen

tes, in: ThQ 167 (1987) 242–251. Ders., Die Theologie der einen Bibel. Bd. 1: Grundstrukturen, Freiburg 1994; Bd. 2: Hauptthemen, Freiburg 1996. (Aus dem Englischen übersetzt von Christiane und Manfred Oeming). Vgl. Joseph Ratzinger/Benedikt XVI., Jesus von Nazareth (Anm. 3), 17f.

28 Joseph Ratzinger, Lehrmäßige Aktualität des „Katechismus der Katholischen Kirche“ zehn Jahre nach seiner Veröffentlichung, in: O.R. (dt.) vom 15.11.2002, 9–11; aufgenommen u. d. T. Steht der Katechismus der Katholischen Kirche auf der Höhe der Zeit? Zehn Jahre nach seiner Veröffentlichung, in: ders., Unterwegs zu Jesus Christus, Augsburg 2003, 145–168, hier 155.

29 Vgl. Dieter Böhler, Der Kanon als hermeneutische Vorgabe biblischer Theologie. Über aktuelle Methodendiskussionen in der Bibelwissenschaft, in: ThPh 77 (2002) 161–178.

im Licht neuer heilsgeschichtlicher Etappen.[30] Ratzinger selbst hat sehr früh den in der französischen Exegese formulierten Begriff der „relecture" rezipiert. Hinsichtlich des Neuen Testaments hat die redaktionsgeschichtliche Methode den Blick für das Entstehen der Schrift im Schoß und als Ausdruck des Glaubens der Kirche geschärft. Die neuesten Ergebnisse der Exegese zusammenfassend und fundamentaltheologisch auswertend hat Ratzinger in dem erwähnten Aufsatz über die Aktualität des Katechismus geschrieben, die Verfasserschaft der Schriften sei dreigestuft:

> „Der individuelle Verfasser ist getragen vom Volk als ganzem. Das zeigt sich gerade in den immer neuen Fortschreibungen und Umschreibungen der Bücher; hier hat uns die Quellenkritik (trotz vieler Übertreibungen und ungedeckter Hypothesen) wertvolle Erkenntnisse geschenkt. Am Ende ist es nicht bloß ein individueller Verfasser, der spricht, sondern die Texte wachsen in einem Prozess der Reflexion, der Kultur, des neuen Verstehens, der jeden einzelnen Verfasser überschreitet. Aber gerade in diesem Prozess der Überschreitungen, der alle individuellen Verfasser relativiert, ist eine tiefere Transzendierung am Werk: In diesem Prozess der Überschreitungen, der Reinigungen, des Wachsens ist der inspirierende Geist wirksam, der im Wort die Taten und Ereignisse führt und in den Ereignissen und Taten wieder zum Wort treibt".[31]

Eine Theologie der Schrift ergibt, dass sie als Zeugnis der in der Geschichte des Volkes Israel und definitiv in Jesus Christus ergan-

30 Vgl. Albert Gelin, La question des „relectures" à l'intérieur d'une tradition vivante, in : Sacra Pagina I (BETHL XII), Gembloux 1958, 303–315, besonders 304. Hinweis bei : Klaus Scholtissek, Relecture – zu einem neu entdeckten Programmwort der Schriftauslegung, in: BiLi 70 (1997) 309–315, hier 313. Vgl. Rudolf Voderholzer, „Die Heilige Schrift wächst irgendwie mit den Lesern" (Gregor der Große). Dogmatik und Rezeptionsästhetik, in: MThZ 56 (2005) 162–175.

31 Joseph Kardinal Ratzinger, Lehrmäßige Aktualität des „Katechismus der Katholischen Kirche" (Anm. 28), 9.

genen Offenbarung Gottes gelesen werden will, wobei die Glaubensgemeinschaft Israels und der Kirche das gläubige Subjekt bilden, in dem diese Offenbarung angenommen wird und das auch die Schriften von AT und NT hervorbringt, diese zur Einheit der Bibel zusammenfügt und ihren Charakter als lebendiges Wort Gottes verbürgt.

Diesen von der Exegese selbst zu erbringenden systematisch relevanten Einsichten stehen nun bestimmte Anwendungen der historischen Methode gegenüber, die auf eine Zerstörung des Glaubens der Kirche hinführen. Eine wichtige Etappe auf dem Weg zum Jesus-Buch und seiner methodischen Grundlegung stellt Ratzingers Vorlesung aus dem Jahre 1988 dar, deren Titel „Schriftauslegung im Widerstreit" diesem Beitrag als Obertitel vorangestellt ist.[32]

4. Kritik der Kritik: „Schriftauslegung im Widerstreit"

Ausgangspunkt von Ratzingers Vortrag ist die seines Erachtens nur selektive Rezeption der Offenbarungskonstitution „Dei Verbum", insofern zwar einerseits die vom Konzil vorbehaltlos gutgeheißene Anwendung der historischen Methoden in vollem Maße umgesetzt worden sei, andererseits eine Einbettung in eine offenbarungsgemäße Hermeneutik fehle.[33] Im Gegenteil, die unreflektierte Verquickung von historischen Methoden und von bestimmten Philosophien geleiteten offenbarungskritischen Voraussetzungen führe oftmals zu einem Pluralismus verwirrender Hypothesen, mit denen nicht

32 Joseph Ratzinger, Schriftauslegung im Widerstreit (Anm. 3).

33 Vgl. Daniel Kosch, Schriftauslegung als „Seele der Theologie". Exegese im Geist des Konzils, in: FZPhTh 38 (1991) 205–231, bes. 205–207. „An die Stelle der von Ratzinger kritisierten ‚einseitige(n) Rezeption' des Konzils tritt bei ihm die praktische Verweigerung einer Rezeption" (ebd. 207). Schon ein erster Blick in Ratzingers Schrifttum belegt die Haltlosigkeit dieser Unterstellung.

zuletzt das Glaubensvolk verunsichert und der Glaube der Kirche bedroht werde.

Ratzinger schreitet dabei von einer Analyse der eher äußerlich offenkundigen Mängel zu den grundlegenden philosophischen Problemen voran. Er stützt sich dabei vor allem auf die bei dem evangelischen Exegeten Bo Reicke verfasste und 1981 veröffentlichte Dissertation von Reiner Blank über Martin Dibelius und Rudolf Bultmann.[34] Ratzinger ist sich bewusst, dass die beiden von Blank behandelten Autoren in vielem überholt sind, beansprucht aber doch, dass seine daran anknüpfende Darstellung paradigmatisch und exemplarisch wesentliche Problemstellungen aufzudecken erlaubt. Mit Thomas Söding hat erst jüngst ein Exeget bestätigt, dass Ratzingers Einwürfe trotz aller provozierenden Schärfe auch von der Bibelwissenschaft ernst genommen zu werden verdienten.[35]

4.1 Die Problematik der vermeintlichen Priorität des Wortes vor dem Ereignis

Sowohl Dibelius als auch Bultmann gehen vom Vorrang der Predigt vor dem Ereignis aus: Am Anfang stehe das gepredigte Wort, aus dem sich alles entwickelt. Bei Bultmann, so analysiert Ratzinger mit Blank, sei diese These so weit getrieben, dass für ihn nur das Wort ursprünglich sein kann; „das Wort erzeugt die Szene.“[36] Daraus folge, das jedes bezeugte Ereignis bereits sekundäre, mythische Ausgestaltung sein muss.[37]

34 Reiner Blank, Analyse und Kritik der formgeschichtlichen Arbeiten von Martin Dibelius und Rudolf Bultmann (= Band XVI der Theologischen Dissertationen, herausgegeben von Bo Reicke), Basel 1981.

35 Vgl. Thomas Söding, Die Lebendigkeit des Wortes Gottes (Anm. 2), 37.

36 Joseph Ratzinger, Schriftauslegung im Widerstreit (Anm. 3), 25, mit Hinweis auf Reiner Blank, Analyse und Kritik (Anm. 34), 97.

37 Joseph Ratzinger, Schriftauslegung im Widerstreit (Anm. 3), 25.

4.2 Die Problematik von Kontinuität und Diskontinuität

Ein weiteres, seit Dibelius und Bultmann bestimmendes und für die moderne Exegese geradezu konstitutives Element ist die vorausgesetzte „Idee der Diskontinuität“: Bruch zwischen vorösterlicher und nachösterlicher Überlieferung, zwischen vorösterlichem Jesus und der sich bildenden Kirche, „in allen Phasen der Überlieferung gilt Diskontinuität – bis zu dem Punkt, dass R. Blank feststellen konnte: ‚Bultmann intendierte Zusammenhanglosigkeit um jeden Preis‘.“[38]

4.3. Die Problematik der vermeintlichen Priorität des Einfachen vor dem Komplexen

Auch die dritte von Blank analysierte und von Ratzinger angeführte, das exegetische Arbeiten oft unbewusst leitende Voraussetzung mag auf den ersten Blick durchaus plausibel erscheinen, doch handelt es sich auch dabei um eine letztlich sachfremde, zur Willkür verleitende und schnell in die Irre führende ideologische Annahme: „Je theologisch reflektierter und anspruchsvoller eine Aussage ist, desto jünger ist sie, und je einfacher etwas ist, desto mehr kann man es dem Ursprung zurechnen.“[39] Abgesehen davon, dass keineswegs einleuchtet, warum nicht auch die komplexe Wirklichkeit am Anfang sollte stehen können, sind aber auch Kriterien, wonach etwas als mehr oder weniger „entwickelt“ eingestuft werden kann, keineswegs so offenkundig und unstrittig, wie es vielleicht zunächst scheinen mag. „Das Urteil darüber hängt wesentlich von den eigenen theologischen Einschätzungen des Exegeten ab; der Willkür ist hier breiter Raum gelassen.“[40]

38 Joseph Ratzinger, Schriftauslegung im Widerstreit (Anm. 3), 26, mit Hinweis auf Reiner Blank, Analyse und Kritik (Anm. 34), 154.

39 Joseph Ratzinger, Schriftauslegung im Widerstreit (Anm. 3), 26; in Fußnote 16 greift Ratzinger zuerst entsprechende Passagen bei Reiner Blank auf, nennt dann aber ein konkretes Beispiel aus einer Besprechung von Lorenz Oberlinner, der genau dieses Kriterium anwendet.

40 Joseph Ratzinger, Schriftauslegung im Widerstreit (Anm. 3), 27.

4.4 *Reductio historiae in philosophiam*

Am Gravierendsten wirken sich philosophische Vorentscheidungen aus, die das Weltbild und die vermeintliche Geschlossenheit des modernen naturwissenschaftlichen Weltbildes betreffen, das mit dem vermeintlich mythischen Weltbild der Schrift in Konkurrenz tritt.

> „Was [...] als direkte Kundgabe des Göttlichen erscheinen mochte, kann nur Mythos sein, dessen Entwicklungsgesetze gefunden werden können. Von dieser Grundüberzeugung her liest Bultmann – und mit ihm der größere Teil der modernen Exegese – die Bibel."[41]

Ist man sich aber einmal sicher, dass es so, wie es in der Bibel geschildert wird, ganz gewiss nicht gewesen sein kann, ergibt sich als Aufgabe der exegetischen Deutung die Erklärung, wie es zu einer solchen Darstellung gekommen sein könnte. Und es finden sich dann die Methoden, durch die nicht nur das Zustandekommen erklärt wird, sondern sogar noch mit Sicherheit gezeigt wird, wie es in Wirklichkeit „eigentlich" gewesen sein muss. Insofern, so Ratzinger, „liegt in der modernen Exegese eine reductio historiae in philosophiam vor, eine Rückführung der Geschichte auf Philosophie und durch Philosophie".[42]

41 Kaum jemand wird bestreiten, dass damit der Sachverhalt recht gut beschrieben ist, wenngleich man sich gewiss vor Pauschalurteilen wird hüten müssen. Im übrigen hat mit Hans Conzelmann ein Exeget die Diskrepanz zwischen dem Glauben der Kirche und den vermeintlich gesicherten Ergebnissen der historisch-kritischen Exegese erkannt, wenn er schreibt: „Die Kirche lebt praktisch davon, dass die Ergebnisse der wissenschaftlichen Leben-Jesu-Forschung in ihr nicht publik sind!" Einem Kirchenkritiker wie Rudolf Augstein wiederum ist dies nicht verborgen geblieben. Er macht dies zum Ausgangspunkt seines „Jesus-Buches": Rudolf Augstein, Jesus Menschensohn, München 1972, 13.

42 Joseph Ratzinger, Schriftauslegung im Widerstreit (Anm. 3), 33. In ganz ähnlichem Sinn analysierte Ratzinger in Vorüberlegungen zum Jubiläumsjahr 2000 die Grenzen einer bestimmten Exegese, die ihre die Offenbarung Gottes in Jesus Christus in Frage stellenden Aussagen als Ergebnis der Anwendung

Unter den Grundelementen einer neuen Synthese wird demnach an vorderster Stelle auch eine tiefer reflektierte Philosophie zu nennen sein, die prinzipiell auf Offenbarung hin offen ist und nicht deistisch ein Handeln Gottes in der Geschichte von vornherein ausschließt.

5. Grundelemente einer neuen Synthese

Bevor Ratzinger positiv einen Horizont für eine sach-, und das heißt letztlich offenbarungsgemäße Hermeneutik entwirft, unterzieht er die vorhin beschriebenen Axiome seinerseits der Kritik.

Sowohl im Primat des Wortes vor dem Ereignis, wie auch im Diskontinuitätspostulat wie schließlich in der Annahme, das Komplexere müsse a priori das Jüngere sein, sieht Ratzinger textfremde Vorgaben, die der Willkür Tür und Tor öffnen und als falsche Voraussetzungen einem wirklichen Verständnis im Wege stehen.

Der Primat des Wortes vor dem Ereignis als der Schriftdeutung voraus liegende Vor-Entscheidung ist in seiner Herkunft aus einer protestantischen Wort- und Predigt-Theologie leicht durchschaubar, führt aber in der Konsequenz zur Entwirklichung der Heilsgeschichte, zu einer doketischen Christologie und einer sinnentleerten Weltsicht. Vor allem auch die Schöpfungsdimension gerät aus dem Blick.

Zum Primat des Einfachen vor dem Komplizierten gibt Ratzinger zu bedenken, dass doch die Geistesgeschichte eine Fülle von Gegenbeispielen kenne, wo das Komplizierte und Hohe gerade am

streng wissenschaftlicher Methoden ausgibt, in Wahrheit aber nur eine bereits vorausgesetzte deistische Position bestätigt findet: „Die vorausgesetzte Idee dessen, was Jesus nicht sein kann (Sohn Gottes) und dessen, was er sein sollte, werden selbst zu Instrumenten der Interpretation und lassen schließlich als Folge historischer Strenge erscheinen, was in Wirklichkeit lediglich Ergebnis philosophischer Voraussetzungen ist“ (Joseph Cardinal Ratzinger, Christus – der Erlöser aller Menschen. Die Einzigkeit und Universalität Christi und seiner Kirche, in: ders.: Unterwegs zu Jesus Christus [Anm. 28], 55–78, hier 62).

Anfang steht und Generationen von Epigonen den hohen Anfang ins Einfachere und auch Primitivere übersetzen.

Ratzingers Ausführungen kulminieren im Aufruf zur Selbstkritik der Anwender der historisch-kritischen Methode: Der Exeget darf, wenn er seine Methode verantwortungsvoll handhabt, „nicht mit einer fertigen Philosophie an die Auslegung des Textes herantreten, nicht mit dem Diktat eines so genannten modernen oder ‚naturwissenschaftlichen' Weltbildes, welches festlegt, was es geben und was es nicht geben darf. Er darf nicht a priori ausschließen, dass Gott in Menschenworten als er selbst in der Welt sprechen könne; er darf nicht ausschließen, dass Gott als er selbst in der Geschichte wirken und in sie eintreten könne, so unwahrscheinlich ihm dies auch erscheinen mag".[43] Vereinzelt diskutiert Ratzinger in seinen Schriften dies auch anhand konkreter Beispiele. Der Wunderproblematik gilt ein Aufsatz von 1977.[44] Die Auferstehungsthematik diskutiert er mit Karl-Heinz Menke und Hansjürgen Verweyen.[45] Das

43 Joseph Ratzinger, Schriftauslegung im Widerstreit (Anm. 3), 36. Diese kritische Wortmeldung Ratzingers hat umgekehrt auf Seiten der angesprochenen Bibelwissenschaftler zu heftigen Reaktionen geführt: Hubert Frankemölle, Schriftauslegung im Widerstreit, in: Bibel und Kirche 45 (1990) 200–204. Daniel Kosch, Schriftauslegung als „Seele der Theologie" (Anm. 33), 205–231, bes. 205–207.

44 Joseph Ratzinger, Wissenschaft – Glaube – Wunder, in: Leonhard Reinisch (Hg.), Jenseits der Erkenntnis (= st), Frankfurt 1977, 28–44, 29: „Wenn die Kritik des neutestamentlichen Bewusstseins wichtig ist, so darf dabei die Aufgabe einer Kritik unseres eigenen Bewusstseins nicht vergessen werden. Sonst kann es leicht geschehen, dass die gängigsten Vorurteile dogmatisiert und zu einer Scheinwissenschaft erhoben werden, die nicht Erkenntnis bewirkt, sondern sie hindert. Dies müsste bedeuten, dass auch die Frage nach dem Wunder nicht zu eilfertig als längst erledigt beiseite gelassen werden darf". Damit dürfte auch die Sorge Klaus Bergers, der Papst könnte vielleicht in der Wunderfrage nicht katholisch genug sein, als unbegründet erwiesen sein (vgl. Klaus Berger, Ein Systematiker im Grabenkampf der Exegese, in: Die Tagespost vom 14.04.2007, 5).

45 Joseph Ratzinger, Zur Lage von Glaube und Theologie heute, in: IKaZ 25 (1996) 359–372; unverändert wieder abgedruckt in: Michael Müller (Hg.), Stets war es der Hund, der starb, Aachen 1998, 33–53, hier 52, Anm. 20: Menke muss sich hinsichtlich der die Auferstehung Jesu betreffenden Ausführungen seines Buches „Die Einzigkeit Jesu Christi im Horizont der Sinnfrage"

Thema Jungfrauengeburt wird in Auseinandersetzung mit dem der Katholischen Integrierten Gemeinde angehörenden Neutestamentler Rudolf Pesch verhandelt.[46]

(Freiburg 1995) fragen lassen: „Ist Jesus nun auferstanden oder nicht? Hier frisst die Spekulation die Realität auf; das Neue Testament verschwindet hinter der Wissenschaft (s. Anmerkung 17). Merkwürdig ist auch, wie die Erscheinungsberichte als späte Texte abgetan werden, u. a. mit der Begründung, der Wunsch, den ‚schon beigesetzten, in Leinentücher eingewickelten Toten am dritten Tag noch zu salben', sei ‚bei den klimatischen Verhältnissen Palästinas einfach unsinnig' (149f.). Da kann man den Verfasser nur einladen, einmal Ostern in Jerusalem zu verbringen, damit er sieht, wie kalt da zu dieser Jahreszeit die Nächte und wie kühl auch noch die Tage sein können. Ebensowenig überzeugt die zugehörige philosophische Erwägung, der Sieg des ‚Sinnes' müsse weltimmanent sein. Die Auferweckung dürfe nicht erst ‚hinterher', ‚im nachhinein' kommen, sondern müsse *in* der Passion des Unschuldigen geschehen (152). Hier ist ein physizistischer Zeitbegriff in unangemessener Weise auf die Existenz-Ebene, auf die Ebene der Personen übertragen. Das wahre anthropologische in geschieht gerade im zeitlichen Nachher: Die neue Existenz nimmt das, was physizistisch gesehen ‚danach' ist, in die neue Existenz auf, in der sich die ganze Zeit der Person zur Einheit ihres Seins versammelt. Menkes ‚in' bleibt inhaltslos, gerade wenn man an sein Beispiel der von Dostojewski geschilderten Qual auch nur eines einzigen Kindes denkt."

46 Joseph Ratzinger, Jungfrauengeburt und leeres Grab. Eine Klarstellung der von Theologen der Katholischen Integrierten Gemeinde geführten „Akademie für die Theologie des Volkes Gottes", in: Die Tagespost Nr. 135 vom 11.11.2004, 5; abgedruckt auch in: ders.: Skandalöser Realismus. Gott handelt in der Geschichte, Bad Tölz 2004, 6–15, hier 12f.: „Gegenüber […] den Glaubensartikeln von der jungfräulichen Empfängnis Jesu und seiner Rettung vor der Verwesung […] erhebt sich heute der Einwurf: Aber dies alles ist doch durch das ‚moderne Weltbild' ausgeschlossen. Angesichts einer solchen Scheingewissheit über die Implikationen des modernen Weltbildes ist zuallererst zu fragen: Was ist denn das eigentlich, das ‚moderne Weltbild'? Wer definiert es? Wie weit reichen seine Gewissheiten? Kompetente Gelehrte, zum Beispiel der jüdische Philosoph Hans Jonas, haben den Mythos des modernen Weltbildes inzwischen in seine Grenzen verwiesen und die daraus abgeleiteten unbefragten Scheingewissheiten aufgelöst. Entscheidend ist dabei die Frage: Gibt es Gott? Und – wer oder wie ist Gott? Dem biblischen Glauben ist es eigen, an den lebendigen Gott zu glauben. Gott ist lebendig, das bedeutet: Er ist ein handelnder, ein hörender und ein sprechender Gott. Er ist der Schöpfer. Das All kommt von ihm. Aber er hat auch in der menschlichen Geschichte gehandelt und darin sein Gesicht gezeigt bis zu dem Punkt, dass er in der Menschwerdung des Sohnes selbst in die Geschichte eingetreten ist. Das

Ein erster positiver Schritt muss nach Ratzinger dahin gehen, sich wieder vom Phänomen des in der Schrift Bezeugten selbst belehren zu lassen, hörfähig zu werden und die Vernunft instand zu setzen, sich in die offene und unendliche Wahrheit des Seins hinein zu übersteigen, die sich im Ereignis der Geschichte mitteilt und in der Schrift als Offenbarungszeugnis kirchlich vermittelt wird.

In seinem programmatischen Vortrag von 1988 fasst Ratzinger die Orientierungspunkte für eine künftig zu entwerfende biblische Hermeneutik in mehreren Punkten zusammen. Ratzinger beansprucht keinerlei Vollständigkeit, sondern nur ein paar erste Schneisen zu schlagen.

Die exegetische Wissenschaft bedarf, so Ratzinger 1988/89, einer gründlichen Reflexion auf ihre Methoden und damit zusammenhängend auch der Aufdeckung der philosophischen Aprioris. Einer solchen Reflexion müsse gegenwärtig der Vorrang eingeräumt werden vor dem Aufstellen neuer Hypothesen über mögliche Sitze im Leben, Traditionsvorgänge u. ä. Eine selbstkritische Reflexion auf die philosophischen oder jedenfalls vortheologischen Voraussetzungen werde umgekehrt die Exegeten erst instand setzen, bei den bisher schon aufgestellten Hypothesen die Spreu vom Weizen zu trennen.

All ist ihm mit der Schöpfung nicht entglitten. Er ist kein Willkür-Gott. Er respektiert die Gesetze der Schöpfung und die Freiheit des Menschen, die er selbst gestiftet hat. Aber er ist auch kein ohnmächtiger Gott, der nun nur noch im ‚Geistigen', im ‚Existenziellen' anzusiedeln wäre. Ein Gott, der nicht auch an der Materie handeln könnte, wäre ein ohnmächtiger Gott – die Materie wäre sozusagen eine dem Handeln Gottes entzogene Sphäre. Diese Vorstellung ist dem biblischen Glauben, den das Bekenntnis der Kirche artikuliert, radikal entgegengesetzt. Sie spricht letztlich Gott das Gottsein ab. Deswegen ist es für den Glauben der Kirche nicht verwunderlich, sondern im Gegenteil konsequent und einsichtig, dass Gott in seinem zentralen geschichtlichen Handeln – in Menschwerdung, Sterben und Auferstehung des Herrn – seine Macht bis in die Materie hinein gezeigt, die Empfängnis Jesu im Mutterleib Mariens bewirkt und dass er wieder nach dem Begräbnis am toten Leib Jesu gehandelt, ihn der Verwesung entrissen und ihn in die neue Seinsweise der Auferstandenen hineingeführt hat, die Jesus selbst den Sadduzäern gegenüber als die Seinsweise der Söhne Gottes bezeichnet hatte (Lk 20,36): Ihr Urbild und Anfang ist der auferstandene Sohn."

Von der Schrift selbst ergibt sich ferner die Forderung nach einer die einlinig-synchrone Betrachtungsweise durch eine diachrone, sowohl die Einheit von Altem und Neuem Testament berücksichtigende wie auch die Rezeptionsgeschichte mit einbeziehende Auslegung abzulösen. Damit sind einerseits die Einsichten der „kanonischen Exegese“ aufgegriffen, wie andererseits auch die Erkenntnisse der so genannten „Rezeptionsästhetik“.

Damit ist schließlich drittens auch der Aufruf an die Exegeten verbunden, ihren Ort innerhalb der kirchlichen Schriftauslegung neu zu bestimmen. Letztlich erschließt nur eine Hermeneutik des Einverständnisses und der Sym-Pathie den Sinn der Schrift. Der Glaube ist der Geist, aus dem die Schrift hervorgegangen ist. Die Erinnerung an das theologische Formalobjekt der Offenbarungsgemäßheit ist dabei insofern nicht eine von außen der Bibelwissenschaft auferlegte dogmatische Fremdbestimmung,[47] sondern vom auszulegenden Text selbst geforderte Notwendigkeit, als sich die Schriften selbst als Offenbarungszeugnis präsentieren. Ein Lehramt, das darüber wacht, dass die Schrift in demselben Geist gelesen und interpretiert wird, in dem die Schrift verfasst wurde, ist nicht eine ideologische Instanz, sondern Funktion der Gemeinschaft der Kirche, durch deren Glauben die Offenbarung erst wirklich zur Of-

47 Das Dokument „Die Interpretation der Bibel in der Kirche“ der Päpstlichen Bibelkommission von 1993 erläuternd, sagt Ratzinger, dass darin „nicht das Lehramt den Exegeten von oben her Normen auferlegt, sondern diese selber die Maßstäbe zu umschreiben suchen, die den Weg der sachgemäßen Auslegung dieses ganz besonderen Buches leiten müssen, das rein von außen gesehen eigentlich nur eine Literatursammlung von Schriften darstellt, deren Entstehung sich über ein rundes Jahrtausend hinzieht: Nur das gemeinsame Subjekt, aus dem diese Literatur geboren wurde – das wandernde Gottesvolk –, macht diese Literatursammlung in all ihrer Vielfalt und äußeren Gegensätzlichkeit zu ‚einem‘ Buch; dieses Volk aber wiederum weiß, dass es nicht einfach aus Eigenem spricht und handelt, sondern sich dem verdankt, der es zu einem Volk macht, dem lebendigen Gott selbst“ (Joseph Ratzinger, Die Beziehung zwischen Lehramt der Kirche und Exegese im Licht des 100jährigen Bestehens der Päpstlichen Bibelkommission, in: O.R. [dt.] Nr. 21 vom 23.05.2003, 9–10, hier 9).

fenbarung geworden und aus deren Glaubensvollzug die Schrift als Offenbarungszeugnis erwachsen ist.

Es gehört zu den positiven Wirkungen der hiermit vorgetragenen Anregungen, dass die Päpstliche Bibelkommission, die der Römischen Glaubenskongregation zugeordnet ist, in den folgenden Jahren eine solche grundlegende Besinnung auf ihre Tagesordnung setzte und die Ergebnisse 1993 publizierte: „Die Interpretation der Bibel in der Kirche“.[48]

Es fällt auf, dass Ratzinger einen Punkt nicht in das am Ende seines Vortrags aufgestellte Programm aufnimmt: Die Erarbeitung von Kriterien einer Rückfrage zum historischen Jesus zur historischen Vergewisserung der Legitimität der Synthese von historischem Jesus und Christus des Glaubens. Damit decken sich auch Beobachtungen zu den Literaturangaben im neuen Jesus-Buch. Joachim Gnilka: Jesus von Nazaret. Botschaft und Geschichte (Freiburg: Herder 1990) wird zwar als erstes genannt, aber im Unterschied zu den meisten anderen Autoren nicht qualifiziert. Gnilka stützt nun aber sein Jesus-Buch gerade auf die Rückfrage anhand ausgefeilter Kriterien.[49] Thomas Södings neues Jesus-Buch (Der Gottessohn aus Nazaret, Freiburg: Herder 2006) wird gelobt,[50] und gleichzeitig wird – offenkundig als Empfehlung – hinzugefügt, es handele sich nicht um den Versuch der Nachzeichnung des irdischen Jesus.

Schon in der Vorlesung 1966/67 heißt es im Zusammenhang der Auseinandersetzung mit Joachim Jeremias, der in einem gewissen exegetischen „Rationalismus“ wieder der Meinung war, man sei in der Lage, aufgrund der Rückfrage den irdischen Jesus zu rekonstru-

48 Päpstliche Bibelkommission, Die Interpretation der Bibel in der Kirche (23.04.1993) (= Verlautbarungen des Apostolischen Stuhls 115). Ratzinger hat als damaliger Präfekt der Glaubenskongregation das Vorwort (ebd., 23–25) dazu verfasst, worin er ganz im Sinne seiner bisherigen Überlegungen sowohl die mit den historisch-kritischen Methoden sich ergebenden Möglichkeiten als auch deren Grenzen in Erinnerung ruft.

49 Joachim Gnilka, Jesus von Nazaret. Botschaft und Geschichte, Freiburg 1990, 29–31. Gnilka zeigt anhand dieser Rückfrage, „dass uns in den Evangelien die entscheidenden und für unseren Glauben bemerkenswerten Seiten des Wirkens und Redens Jesu erhalten geblieben sind“ (ebd. 25).

50 JosephRatzinger/Benedikt XVI., Jesus von Nazareth (Anm. 3), 409.

ieren: „Zwar muss man Jeremias' Pochen auf das logos sarx egeneto vorbehaltlos zustimmen, dennoch aber ist an seinen Überlegungen in zwei Punkten Kritik zu üben: a) abzulehnen ist Jeremias' Vorstellung eines glaubensunabhängigen Wissens um den historischen Jesus. Jeremias hält dies für notwendig. Er will an diesem historischen Jesus das Glaubenszeugnis der Urgemeinde messen. Aber man ist ausgeliefert, wenn man Glaube an Wissen messen will! Vom Sinn des Glaubens her ist solches abzulehnen."[51]

Einige Jahre später entzündete sich darüber eine öffentliche Debatte, und zwar zwischen Walter Kasper und Joseph Ratzinger: Der Autor der „Einführung in das Christentum" verwahrt sich gegen Kaspers Vorwurf, den irdischen Jesus darin für irrelevant zu halten. Von Irrelevanz könne in einem Werk, das doch gerade auf das Kreuzesgeschehen so großen Wert lege, keine Rede sein. Die entscheidende Frage ist Ratzinger damals wie heute das Problem des rechten Zugangs zum irdischen Jesus:

> „Ich versuchte, auf diese Weise zu zeigen, dass der theologisch neutralisierte ‚historische Jesus' eben nicht der historische Jesus ist, sondern dass der wahre historische Jesus der Christus ist, dem wir glauben und der die Theologie in höchstem Maße angeht, weil ‚Jesus' und ‚Christus' untrennbar ist und auf dieser Untrennbarkeit die ganze Theologie beruht (161ff.). [...] Seit A. Schweitzer wissen wir, dass der historische Jesus der Liberalen ein unwirkliches Wesen war; ich glaube, wir werden bald auch ganz amtlich wissen, dass dasselbe auch vom historischen Jesus der Bultmannschule gilt (soviel ich Bultmanns Theologie verdanke, was hoffentlich in meinem Buch deutlich wird), und viel-

51 Zitiert nach der Mitschrift der Christologie-Vorlesung Ratzingers in Tübingen (Wintersemester 1966/67), 18 (als Redaktoren werden angegeben: J. Metzner, U. Seneca, H. Wirth, H. Zacharias). Diese Vorlesungsmitschrift ist nicht autorisiert. Der zitierte Passus stimmt jedoch in der Aussageintention mit zahlreichen andernorts gut belegten Formulierungen Ratzingers überein, sodass er die Vorlesung authentisch wiederzugeben scheint.

leicht war mein einziger Fehler, dass ich (natürlich keineswegs allein) es ein paar Jahre zu früh gewusst habe."[52]

„Amtlich" haben wir es auch jetzt nicht, dass der einzig angemessene Zugang zum historischen Jesus der kirchliche Glaube ist. Die vorgebrachten Argumente, gerade auch die historischen Vergewisserungen, wiegen schwer. Allerdings geht Ratzinger auch in seinem Jesus-Buch apologetisch nur bis zu der Aussage, dass doch auch insofern historisch etwas am Anspruch Jesu feststellbar sein müsse, als man einen harmlosen Moralprediger nicht ans Kreuz geschlagen hätte.[53] Dies entspricht immerhin dem letzten von Gnilka mit Nils Alstrup Dahl formulierten Kriterium der Rückfrage, wonach alles, was Jesu gewaltsames Ende am Kreuz erklärlich macht, einen Weg darstelle zum historischen Jesus.[54]

Ratzinger scheint nicht in Erwägung zu ziehen, dass eine darüber noch hinaus gehende Rückfrage zum historischen Jesus nicht unbedingt mit dem Ziel vorgenommen werden muss, die Diskontinuität aufzuweisen, sondern umgekehrt den Nachweis zum Ziel haben kann, dass am Anfang tatsächlich das unvorhergesehene, unausdenkbare, alle vorhandenen Kategorien sprengende Christusereignis stand. Sollte nicht gerade eine unvoreingenommene historische Rückfrage dies zeigen können, ohne in die Fehler der Leben-Jesu-Forschung zurückzufallen und auch ohne die historische Kritik damit zur letzten Instanz in der Beantwortung der Frage „Wer ist Jesus?" zu erklären?

Romano Guardini, einer der wichtigsten Gewährsmänner Ratzingers, hat jedenfalls in diesem Zusammenhang eine „kopernikanische Wende" gefordert. Guardini widerspricht einer (durch missbräuchliche Berufung auf vermeintlich gesicherte exegetische For-

52 Joseph Ratzinger, Glaube, Geschichte und Philosophie. Zum Echo auf „Einführung in das Christentum", in: Hochland 61 (1969) 533–543, hier 538f.

53 Vgl. Joseph Ratzinger/Benedikt XVI., Jesus von Nazareth (Anm. 3), 10f. Vgl. ebd., 316.

54 „Der Ausgang des Lebens Jesu ist dazu geeignet, den Blick für den herausfordernden Vollmachtsanspruch zu schärfen, mit dem er aufgetreten sein muss". Zitiert nach Joachim Gnilka, Jesus von Nazaret (Anm. 49), 31.

schungsergebnisse gestützten) Basisannahme der neuzeitlichen Religionskritik, die nachösterliche Kirche habe den einfachen religiös begabten Jesus schrittweise zu einem göttlichen Wesen hochstilisiert. Guardini gibt zu bedenken, dass es eher umgekehrt ist: Das apostolische Zeugnis kann die ursprüngliche Fülle des Christusereignisses nie voll ausschöpfen.

> „Der Christus, den der ernsthaft Glaubende meint, ist jener der ursprünglichen Wirklichkeit. Die Verkündigungen der Apostel aber sind Hinführungen zu Ihm und bleiben hinter seiner gottmenschlichen Fülle stets zurück. Die Apostel sagen niemals mehr, als der historische Jesus war, sondern immer nur weniger. Daher denn auch jeder, der das Neue Testament richtig liest, hinter jedem seiner Sätze eine Wirklichkeit vorleuchten fühlt, die das Gesagte übersteigt.
> Die echte biblische Theologie muss also gegenüber der rationalistischen Einstellung geradezu eine ‚kopernikanische Wendung' vollziehen. Ihre wissenschaftliche Intention darf nicht darauf gehen, aus angeblich übersteigernden Darstellungen eine ebenso angebliche einfache erste Realität herauszuholen, sondern aus einer Reihe von Darstellungen, deren jede gültig ist, aber trotz fortschreitender Vertiefung immer versagen muss, das Ursprünglich-Große deutlich zu machen."[55]

6. „Notwendige Bücher"

In einem kurzen Beitrag zur Festschrift anlässlich des 65. Geburtstages von Heinrich Wild, des Chefs des Verlagshauses Kösel 1974 mit dem Titel „Notwendige Bücher" beantwortete Ratzinger die Frage unter dem Titel „Im Dienst der Durchsichtigkeit des Glau-

55 Romano Guardini, Die menschliche Wirklichkeit des Herrn. Beiträge zu einer Psychologie Jesu, Mainz [3]1991 [Erstauflage Würzburg 1958], 85. Vgl. Josef Kreiml, Die Selbstoffenbarung Gottes und der Glaube des Menschen. Eine Studie zum Werk Romano Guardinis (= MThS II/60), St. Ottilien 2002, 233.

bens“ mit einem zweifachen Postulat: Er wünscht sich als erstes ein Buch über Jesus:

> „Ich wünschte mir also ein Buch, das unseren ganzen heutigen Erkenntnisstand über Jesus von Nazareth, über die Jesus-Überlieferung des Neuen Testaments und über die Entwicklung des christologischen Dogmas aufnimmt und darin heute die Gegenwart Jesu Christi, den positiven Gehalt unseres Glaubens an ihn durchsichtig macht. Wenn ich dies sage, setze ich voraus, dass der Christus, dem die Kirche glaubt, und der Jesus der Geschichte, der heute neu entdeckte Jesus (wo immer es sich um authentische Entdeckung handelt) wirklich eins sind und dass es daher grundsätzlich möglich sein muss, diesen Zusammenhang auch darzustellen.“[56]

Das Buch, das Ratzinger dieser Tage veröffentlicht hat, ist nicht eine umfassende Christologie. Aber wer um die zugrunde liegenden hermeneutischen Reflexionen weiß, der wird auch erkennen, dass der Papst seiner lange vertretenen Programmatik treu geblieben ist und wenigstens zum Teil das eine der wirklich notwendigen Bücher vorgelegt hat.

Das zweite Buch betrifft die Philosophie in der Theologie. Ratzinger erhofft sich eine Philosophie, die einen Vernunftbegriff voraussetzt, der sich auf die Fülle der Wirklichkeit hin öffnet und den menschlichen Geist auch als fähig begreift, eine göttliche Selbstkundgabe zu vernehmen. Was er in seiner Regensburger Rede vom 12. September 2006 ausgeführt hat, hat er hier angedeutet, und es ist vielleicht klar geworden, dass gerade auch die Exegese einer solchen weiten, entfesselten Vernunft bedarf. So bedingen sich die beiden eine Not in Theologie und Kirche wendenden Bücher letztlich gegenseitig. Nur mit einer guten Philosophie im Hinterkopf, die zur Reflexion auf die Grenzen der eigenen Methoden und zur Erkennt-

56 Joseph Ratzinger, Im Dienste der Durchsichtigkeit des Glaubens, in: Paul Huber u. a. (Hg.), Notwendige Bücher. Heinrich Wild zum 65. Geburtstag, München 1974, 133–135, hier 134.

nis der Implikationen und Voraussetzung der Schriftauslegung befähigt, wird auch Schriftauslegung gelingen und den Blick freigeben auf den wahren Jesus Christus als den Gesandten des Vaters zum Heil der Welt.

„Gott ist unendliche Nähe."

Der Glaube an Jesus Christus in der Theologie Joseph Ratzingers

Josef Kreiml

Heinrich Spaemann hat 1973 einen kleinen Sammelband herausgegeben mit dem Titel „Wer ist Jesus von Nazaret – für mich?" Auch der damalige Regensburger Professor Joseph Ratzinger hat zu dieser Publikation eine kleine Abhandlung beigesteuert und dabei Jesus Christus als die „unendliche Nähe" Gottes bezeichnet: „Gott ist so, wie er sich in Jesus Christus ausgedrückt hat. Gott ist nicht bloß der unendliche Abgrund oder die unendliche Höhe, die alles trägt, aber nie selber ins Endliche eintritt. Gott ist nicht bloß unendliche Distanz, sondern auch unendliche Nähe. Man kann sich ihm anvertrauen, zu ihm sprechen: Er hört und sieht und liebt."[1] Diese Aussage – Jesus Christus, die unendliche Nähe Gottes – soll das Leitmotiv der folgenden Ausführungen sein. Dabei stütze ich mich

1 Joseph Ratzinger, Was bedeutet Jesus Christus für mich?, in: Heinrich Spaemann (Hg.), Wer ist Jesus von Nazaret – für mich? 100 zeitgenössische Zeugnisse, München 1973, 23–26, hier 23 (wieder abgedruckt in: Benedikt XVI./ Joseph Ratzinger, Dogma und Verkündigung, [4]2005,133–136, hier 133). – Dieser von Heinrich Spaemann herausgegebene Sammelband enthält u. a. auch Beiträge von Hans Urs von Balthasar, Heinrich Böll, Rudolf Bultmann, Marc Chagall und Rudolf Schnackenburg. Bultmann (ebd., 18) äußert sich folgendermaßen: „Jedenfalls habe ich kein persönliches Verhältnis zu Jesus von Nazaret als einer Person der Geschichte." – In seinem Jesus-Buch (Joseph Ratzinger/Benedikt XVI., Jesus von Nazareth. Erster Teil: Von der Taufe im Jordan bis zur Verklärung, Freiburg 2007, 73) spricht der Papst über Jesus, die „unendliche Nähe" Gottes, so: Jesus „hat Gott gebracht: Nun kennen wir sein Antlitz, nun können wir ihn anrufen. Nun kennen wir den Weg, den wir als Menschen in dieser Welt zu nehmen haben."

vorrangig auf Ratzingers frühes Werk „Einführung in das Christentum“ aus dem Jahr 1968.[2]

1. Kann der umfassende Sinn der Welt ein „Punkt“ innerhalb der Geschichte sein?

Mit dem zweiten Hauptstück des Credo geraten wir – so Joseph Ratzinger in seiner „Einführung in das Christentum“ – vor den eigentlichen Anstoß des Christlichen, nämlich das Bekenntnis dazu, dass der Mensch Jesus, ein Einzelner, der Messias Gottes, „die Mitte und die Entscheidung aller menschlichen Geschichte“[3] sei. Es scheint Anmaßung und Torheit in einem zu sein, eine einzelne Gestalt zur maßgebenden Mitte aller Geschichte zu erklären.

Der Glaube an den „Logos“, an die Sinnhaftigkeit des Seins im Ganzen, mag durchaus einer Tendenz der menschlichen Vernunft entsprechen. Doch im zweiten Artikel des Credo geschieht die geradezu ungeheuerliche Verknüpfung von Sinn im Ganzen und Einzelgestalt der Geschichte. Der alles Sein tragende Sinn ist Fleisch geworden. D. h. er ist in die Geschichte eingetreten und einer in ihr geworden. Er ist nicht mehr bloß das, was die Geschichte umgreift

2 Vgl. Joseph Ratzinger, Einführung in das Christentum. Vorlesungen über das Apostolische Glaubensbekenntnis. Mit einem neuen einleitenden Essay, München Neuausgabe 2000; auch Siegfried Wiedenhofer, Joseph Ratzinger – „Einführung in das Christentum. Vorlesungen über das Apostolische Glaubensbekenntnis“ (1968), in: Mariano Delgado (Hg.), Das Christentum der Theologen im 20. Jahrhundert. Vom „Wesen des Christentums“ zu den „Kurzformeln des Glaubens“, Stuttgart 2000, 174–185; Frank Meier-Hamidi / Ferdinand Schumacher (Hg.), Der Theologe Joseph Ratzinger (QD 222), Freiburg 2007; Erwin Dirscherl, Gott und Mensch als Beziehungswesen. Die theologische und anthropologische Denkfigur Joseph Ratzingers ausgehend von der Christologie, in: Meier-Hamidi / Schumacher (Hg.), Der Theologe Joseph Ratzinger (a. a. O.), 56–72 und Hansjürgen Verweyen, Joseph Ratzinger – Benedikt XVI., Die Entwicklung seines Denkens, Darmstadt 2007.

3 Joseph Ratzinger, Einführung in das Christentum (Anm. 2), 181; vgl. zum Folgenden ebd., 181–184.

und trägt, sondern ein Punkt in ihr selbst. Der Sinn des Seins ist nunmehr im Angesicht eines Menschen zu finden. Diesem philosophischen Gesichtspunkt stellt der heutige Papst eine anthropologische Überlegung an die Seite.

Gott ereignet sich für den Menschen durch *den* Menschen, in welchem das Definitive des Menschseins in Erscheinung tritt und der eben deshalb zugleich Gott ist. Vielleicht zeichnet sich hier bereits ab, dass auch in der Paradoxie von Wort und Fleisch Logosmäßiges in Erscheinung tritt. Dennoch stellt das Bekenntnis zu Jesus dem Christus fürs Erste einen Skandal für das menschliche Denken dar: Verfallen wir damit nicht einem ungeheuerlichen Positivismus? Können wir es wagen, auf den Strohhalm eines bestimmten Ereignisses im Meer der Geschichte unsere ganze Existenz und sogar die ganze Geschichte zu gründen?

Eine solche Vorstellung, die der Antike und dem asiatischen Denken gleich unzumutbar erschien, ist unter den Denkvoraussetzungen der Neuzeit zusätzlich erschwert durch die Form, in der das Geschichtliche nunmehr wissenschaftlich vermittelt erscheint: die historisch-kritische Methode. Die methodische Einstellung des Historikers hat zur Folge, dass nur noch die phänomenale Außenseite des Geschehenen ins Blickfeld tritt. Aber diese phänomenale, d.h. anhand von Belegen verifizierbare Außenseite ist fragwürdig, weil sie sich auf den Zufall der Urkunden verlassen muss. Die volle Wahrheit der Geschichte entzieht sich der Nachprüfbarkeit der Belege. Insofern entbirgt die Historie im engsten Sinn des Wortes die Geschichte nicht nur, sondern verdeckt sie auch. Die Historie kann zwar den Menschen Jesus sehen, aber schwerlich das Christus-Sein finden, das sich als Wahrheit der Geschichte der Belegbarkeit des bloß Richtigen entzieht.

2. Das Dilemma der neuzeitlichen Theologie: Jesus oder Christus?

Joseph Ratzinger nimmt in seiner „Einführung in das Christentum" die Zick-Zack-Bewegung der neueren Theologie unter die Lupe:[4] Die Theologie versucht, auf die eine oder andere Weise dem Dilemma der Gleichzeitigkeit von Glaube und Geschichte zu entrinnen. So begegnen wir verschiedentlich dem Versuch, erstens Christologie auf der Ebene des Historischen zu beweisen, d. h. sie trotz allem doch mit der Methode des „Richtigen" und Belegbaren sichtbar zu machen, oder aber zweitens dem Entschluss, sie auf das Belegbare zu reduzieren. Das Erste kann nicht gelingen, weil das „Historische" eine Denkform besagt, die eine Beschränkung auf das Phänomen, d. h. das Belegbare, meint und daher den Glauben nicht hervorbringen kann. Das Zweite kann nicht befriedigen, weil auf solche Weise nicht das Ganze des damals Geschehenen zu erfassen ist und, was man als Aussage anbietet, in Wirklichkeit Ausdruck privater Weltanschauung und gerade nicht reines Ergebnis geschichtlicher Forschung ist. So gesellt sich diesem Bemühen der dritte Versuch hinzu, dem Dilemma des Historischen ganz zu entfliehen und es als überflüssig hinter sich zu lassen. Das geschieht bei Hegel und Bultmann. Ob man sich auf die Idee oder auf das Kerygma zurückzieht, bedeutet zwar nicht dasselbe, aber der Unterschied zwischen beiden Denkvarianten ist im Grunde nicht besonders groß.

Das Dilemma der beiden Wege, einerseits Christologie auf Historie zu transponieren oder zu reduzieren oder andererseits der Historie ganz zu entfliehen und sie als überflüssig für den Glauben abzuschütteln, lässt sich in die Alternative zusammenfassen, von der die moderne Theologie umgetrieben wird: Jesus oder Christus? Die moderne Theologie beginnt zunächst damit, dass sie sich von Christus abwendet und zu Jesus als dem historisch Greifbaren flieht, um dann – am Höhepunkt dieser Bewegung – bei Bultmann umzuschlagen in die entgegengesetzte Flucht von Jesus zurück zu Chris-

4 Vgl. zum Folgenden ebd., 185–189.

tus – eine Flucht, die sich Ende der 60er-Jahre des 20. Jahrhunderts wieder zu wandeln begann in die neuerliche Flucht von Christus zu Jesus.

2.1 Harnacks Flucht von Christus zu Jesus

Von der ersten Tendenz her (Flucht von Christus zu Jesus) hat Adolf von Harnack sein „Wesen des Christentums" (1900) entworfen: jenes Buch, das eine von Vernunftstolz und -optimismus gesättigte Form des Christentums anbietet, auf die hin der Liberalismus das kirchliche Credo gereinigt hatte. Ein tragender Satz dieses Werkes lautet: „Nicht der Sohn, sondern allein der Vater gehört in das Evangelium". Harnacks Plädoyer *für Jesus gegen Christus*[5] bedeutet: weg vom Dogma, hin zur Liebe. Die Tatsache, dass man aus dem predigenden Jesus, der allen Menschen ihren gemeinsamen Vater verkündigte und so sie zu Brüdern machte, den gepredigten Christus werden ließ, der zum Dogma wurde, hat – so Harnacks These – den entscheidenden Bruch gebracht. Harnack gibt die Parole aus: Zurück hinter den gepredigten Christus, den Gegenstand des trennenden Glaubens, zum predigenden Jesus, dem Ruf zur einenden Macht der Liebe unter dem einen Vater mit den vielen Brüdern und Schwestern. Während Harnack seine Jesusbotschaft verkündigte, standen – so Joseph Ratzinger – diejenigen, die sein Werk zu Grabe trugen, bereits vor der Tür. Zur Zeit Harnacks wurde der Nachweis

5 In seinem Jesus-Buch bemerkt der Papst, die These Harnacks, die Botschaft Jesu sei Botschaft vom Vater, in die der Sohn nicht hineingehöre, und die Christologie sei demgemäß der Botschaft Jesu nicht zugehörig, korrigiere sich „von selbst" (Joseph Ratzinger/Benedikt XVI., Jesus von Nazareth [Anm. 1], 32). „Jesus kann vom Vater nur so reden, wie er es tut, weil er der Sohn ist und in der Sohnesgemeinschaft mit dem Vater steht. Die christologische Dimension, … das Geheimnis des Sohnes als Offenbarer des Vaters, die ‚Christologie' ist in allem Reden und Tun Jesu anwesend" (ebd.). – Der Papst beruft sich in diesem Zusammenhang auch auf Jacob Neusner, der „die Zentralität des *Ich* Jesu in seiner Botschaft" (ebd., 137) exakt erkennt. Gegen den „Irrtum" Harnacks und der ihm folgenden liberalen Exegese betont Benedikt XVI., dass Jesus „immerfort die Mitte" (ebd., 143) des Evangeliums ist.

erbracht, dass der bloße Jesus ein romantischer Traum ist, eine Fata Morgana des Historikers, eine bloße Spiegelung seiner Sehnsucht, die sich bei kritischer Betrachtung auflöst.

2.2 Bultmanns Wortereignis der Verkündigung

Rudolf Bultmann hat entschlossen den anderen Weg gewählt: An Jesus ist überhaupt nur das Dass seines Existierthabens wichtig. Der Glaube bezieht sich nicht auf ungewisse Hypothesen, von denen keine historische Sicherheit zu erlangen ist, sondern allein auf das Wortereignis der Verkündigung, durch welches die verschlossene menschliche Existenz auf ihre Eigentlichkeit hin eröffnet wird. Aber ist denn – so fragt der heutige Papst – ein leeres Dass leichter zu ertragen als ein inhaltlich gefülltes? Was ist gewonnen, wenn die Frage, wer dieser Jesus war, ins Bedeutungslose abgeschoben und dafür der Mensch an ein bloßes Wortereignis gebunden wird? Der Wirklichkeitsgehalt der Verkündigung bleibt bei Bultmann überaus fragwürdig.[6]

6 Auch in seinem Jesus-Buch (Joseph Ratzinger/Benedikt XVI., Jesus von Nazareth [Anm. 1], 350) äußert sich der Papst zu dieser Problematik: „Wo sollte eigentlich der nachösterliche Glaube hergekommen sein, wenn der Jesus vor Ostern keine Grundlage dazu bot? Mit solchen Rekonstruktionen übernimmt sich die Wissenschaft." – Vgl. auch die im LIT Verlag Münster für Herbst 2007 angekündigte Publikation: Detlef Schneider-Stengel (Hg.), „Jesus von Nazareth" kontrovers. Rückfragen an Joseph Ratzinger; auch Klaus Berger, Ein Systematiker im Grabenkampf der Exegese. Absolut christozentrisch: Das Jesus-Buch aus der Feder von Papst Benedikt XVI. ist ein eindrucksvolles Zeugnis persönlicher Gottsuche, in: Die Tagespost Nr. 45 vom 14.04.2007, 5; Buchpräsentation im Vatikan „Jesus von Nazareth". Ansprache von Christoph Kardinal Schönborn, Erzbischof von Wien, am 13. April, in: L'Osservatore Romano. Wochenausgabe in deutscher Sprache Nr. 16 vom 20.04.2007, 7f.; Erzbischof Angelo Amato SDB, Einführung in die Lektüre des Buches von Benedikt XVI. „Jesus von Nazareth", in: L'Osservatore Romano Nr. 19 vom 11.05.2007, 10–12; Jan Roß, Der Papst als Essayist. Benedikt XVI. verlangt mit seinem Buch Jesus für die Kirche zurück – und verrät dabei auch etwas über sich selbst, in: DIE ZEIT Nr. 15 vom 04.04.2007, 60 und Klaus Berger, Zeugnisse des Glaubens an die Gottheit Jesu. Wie sollen die Evangelien gele-

2.3 Die „Tod-Gottes“-Theologie: Der humane Jesus als Stellvertreter des nicht mehr aufzufindenden Gottes

Angesichts dieser Situation der Theologie wird man es verstehen, dass – so Joseph Ratzinger 1968 – die Zahl derer wieder wächst, die vom reinen Kerygma und von dem auf das Gespenst des bloßen Dass abgemagerten historischen Jesus fliehen zum menschlichsten aller Menschen, dessen Menschlichkeit ihnen als der letzte Schimmer des Göttlichen erscheint, der nach dem „Tod Gottes“ geblieben ist. Die „Tod-Gottes“-Theologie sagt, dass uns Jesus gegeben ist als das Zeichen des Vertrauens, das uns ermutigt, weiterzugehen. Inmitten einer gottleer gewordenen Welt rückt die Humanität Jesu an die Stelle des nicht mehr aufzufindenden Gottes. Diese Position der „Tod-Gottes“-Theologie ist vollkommen ungenügend.

2.4 Die Unmöglichkeit einer Rekonstruktion des reinen Jesus

Der Rückweg zu einem bloßen Jesus ist unwiderruflich versperrt. Der Versuch, unter Umgehung des geschichtlichen Christentums aus der Retorte des Historikers einen reinen Jesus zu konstruieren, ist absurd. Das Hin und Her der modernen Theologie zwischen Jesus und Christus, dessen Hauptetappen im 20. Jahrhundert hier in aller Kürze beschrieben wurden, war – so Joseph Ratzinger – nicht einfach umsonst. Diese Zick-Zack-Bewegung der neueren Theologie lässt uns begreifen, dass es Jesus ohne Christus nicht gibt. Jesus existiert nur als der Christus und Christus nur in Jesus. Wir müssen einen Schritt weitergehen und *vor* allem Rekonstruieren, das nur nachträgliche Kunstgebilde hervorbringen kann, zu verstehen versuchen, was der Glaube der Kirche sagt, der nicht Rekonstruktion, sondern Gegenwart ist, nicht Theorie, sondern eine lebendige Wirklichkeit. Dem die Jahrhunderte durchwaltenden Glauben, der

sen werden? Zur Kontroverse um das Jesus-Buch des Papstes, in: Die Tagespost Nr. 62 vom 24.05.2007, 6.

verstehen will, wer Jesus wirklich war, ist – so Ratzingers Überzeugung – mehr zu trauen als allen Versuchen einer Rekonstruktion des sog. „historischen Jesus".[7]

3. Das Kreuz als Ausgangspunkt des christologischen Bekenntnisses

Der Ursprungsort des Christusglaubens ist das Kreuz.[8] Jesus selbst hatte sich nicht direkt und eindeutig als den Christus bezeichnet. Vielmehr tat dies Pilatus, indem er durch den Hinrichtungstitel Jesus als den König der Juden proklamierte. Der Hinrichtungstitel wurde zum „Bekenntnis", zum eigentlichen Ausgangspunkt des Glaubens an Jesus den Messias. Der Gekreuzigte ist der Christus, der König. Sein Königsein besteht im Identischwerden von Wort, Sendung und Existenz in der Hingabe seines Lebens. Vom Kreuz her ist definitiv zu verstehen, dass Jesus nicht nur *etwas* getan und gesagt hat, sondern dass in ihm Botschaft und Person vollkommen identisch sind, dass er das *ist*, was er sagt. Das Kreuz redet lauter als alle Worte. Aus dieser Einsicht zieht das Johannesevangelium die letzte Konsequenz: Jesus Christus ist das „Wort". Eine Person,

7 Ähnlich äußert sich der Papst in seinem Jesus-Buch (Joseph Ratzinger / Benedikt XVI., Jesus von Nazareth [Anm. 1], 20f.): „... Für meine Darstellung Jesu bedeutet dies vor allem, dass ich den Evangelien traue. Natürlich ist alles das vorausgesetzt, was uns das Konzil und die moderne Exegese über literarische Gattungen, über Aussageabsicht, über den gemeindlichen Kontext der Evangelien und ihr Sprechen in diesem lebendigen Zusammenhang sagen. Dies alles ... aufnehmend, wollte ich ... den Versuch machen, einmal den Jesus der Evangelien als den wirklichen Jesus, als den ‚historischen Jesus' im eigentlichen Sinn darzustellen. Ich bin überzeugt ..., dass diese Gestalt viel logischer und auch historisch betrachtet viel verständlicher ist als die Rekonstruktionen, mit denen wir in den letzten Jahrzehnten konfrontiert wurden. Ich denke, dass gerade dieser Jesus – der der Evangelien – eine historisch sinnvolle und stimmige Figur ist."

8 Vgl. zum Folgenden Joseph Ratzinger, Einführung in das Christentum (Anm. 2), 193f.

die nicht nur Worte *macht*, sondern ihr Wort und ihr Werk *ist*, ist der Logos selbst. Die Person Jesu Christi ist der Grund, auf dem die Welt steht, und jener Sinn, der alle Menschen trägt.

4. Jesus, der „Sohn Gottes“: Was heißt das?

Im Neuen Testament finden wir die beiden Bezeichnungen „Sohn Gottes“ und „der Sohn“. Beide Titel gehören ursprünglich verschiedenen Zusammenhängen an.[9]

4.1. Der Titel „Sohn Gottes“

Der Ausdruck „Sohn Gottes“ entstammt der Erwählungstheologie Israels, die in einem weiteren Schritt zu einer Theologie der Hoffnung auf den kommenden König umgewandelt wurde. Von großer Bedeutung ist in diesem Zusammenhang das Psalmwort „Mein Sohn bist du, heute habe ich dich gezeugt“ (Ps 2,7). Die christliche Urgemeinde hat dieses Psalmwort im Rahmen des Auferstehungsglaubens auf Jesus bezogen. Die Anwendung dieses Psalmwortes auf Jesus besagt, dass die Königshoffnung Israels im Gekreuzigten und Auferstandenen erfüllt ist. Sie bringt die Überzeugung zum Ausdruck, dass Gott *den* als seinen Sohn bezeichnet, der aller Macht der Welt entsagte und in den Tod für andere ging, *den*, der den Sinn des Menschseins nicht in der Macht und in der Selbstbehauptung, sondern im *radikalen Sein für die anderen* (Pro-existenz) sah.

Im gekreuzigten Jesus Christus wird der tiefste Sinn von Erwählung sichtbar. Er besteht nicht in Privilegien und Macht für *sich*, sondern im Dienst für die anderen. Die alttestamentliche Sohn-Gottes-Idee, die in der Auslegung von Kreuz und Auferstehung in das Christusbekenntnis eingegangen ist, bezeichnet Jesus als den wahren Erben der Verheißung, in dem sich der Sinn der Davidstheologie erfüllt. Zugleich wird sichtbar, dass sich die im Sohnestitel auf Jesus

9 Siehe dazu Joseph Ratzinger, Einführung in das Christentum (Anm. 2), 203–214.

übertragene Königsidee mit der Knechtsidee verschränkt. Als König ist Jesus Knecht, und als Knecht Gottes ist er König. Die innere Verschränkung von Sohn und Knecht, von Herrlichkeit und Dienst, hat im Hymnus des Philipperbriefs (2,5–11) ihre großartigste Formulierung gefunden.[10] Dieser Hymnus verweist auf die Gesinnung Jesu Christi, der das ihm eigene Gleichsein mit Gott nicht eifersüchtig festhielt, sondern in die Niedrigkeit des Knechtes bis zur völligen Selbstentäußerung (wörtlich: Selbstentleerung) hinabstieg. Er hat das *Sein-für-sich* aufgegeben und ist in die reine *Bewegung des Für* eingetreten. So ist er der Herr des ganzen Kosmos geworden. Der freiwillig Gehorchende erscheint als der wahrhaft Herrschende. Der in die letzte Niedrigkeit des Sich-Entleerens Abgestiegene ist der Herrscher der Welt.[11] Darin besteht die große Paradoxie und Dialektik der Christologie. Derjenige, der nicht an sich festhält, sondern *reine Beziehung* ist, ist darin eins mit Gott und wird so zum Kyrios. Der Herr, vor dem das All sich beugt, ist das geschlachtete Lamm als Darstellung für die Existenz, die *reines Für* ist (vgl. Offb 5,1–14: die kosmische Liturgie).

4.2. Die Selbstbezeichnung Jesu als „der Sohn"

Diese Selbstbezeichnung hat ihren Ursprung im Gebetsleben Jesu. Sie bildet die innere Entsprechung zur neuen Gottesanrede Jesu („Abba"). Die besondere Intimität, die der Vateranrede „Abba" eignet, schloss im Judentum die Möglichkeit aus, das Wort auf Gott zu beziehen. Während der Titel „Sohn Gottes" der jüdischen Messianologie entstammt und ein theologisch reich befrachtetes Wortgebilde darstellt, benennt die Selbstbezeichnung „der Sohn" etwas unendlich Einfacheres und zugleich Persönlicheres und Tieferes. Diese

10 Zum Sohn-Knecht-Zusammenhang vgl. auch Joseph Ratzinger / Benedikt XVI., Jesus von Nazareth (Anm. 1), 48.

11 Vgl. dazu auch die Predigt des Papstes bei der Abendmahlsmesse am Gründonnerstag 2006, in: Benedikt XVI., Meditationen zur Heiligen Woche. Ein geistlicher Begleiter von Palmsonntag bis Ostern, Regensburg 2007, 43–50, hier 45.

Selbstbezeichnung gibt uns Einblick in das Gebetsleben Jesu, in seine besondere Nähe zu Gott, die seine Gottesbeziehung von der aller anderen Menschen unterscheidet, die aber darauf ausgerichtet ist, die anderen mit aufzunehmen in das eigene Gottesverhältnis.[12]

Das Johannesevangelium stellt diese Selbstbezeichnung Jesu, die bei den Synoptikern nur im Rahmen der Jüngerbelehrung vorkommt, in den Mittelpunkt seines Jesusbildes. Das entspricht dem Grundzug des vierten Evangeliums, nämlich der Schwerpunktverlagerung nach innen. Die Selbstbezeichnung Jesu als „der Sohn“ wird zum Leitfaden der johanneischen Christologie. Diese Bezeichnung ist für Johannes nicht Ausdruck einer beanspruchten Eigenmacht Jesu, sondern Ausdruck der totalen Relativität seiner Existenz, die nichts anderes als *„Sein von“* und *„Sein für“* ist, aber eben in dieser Totalrelativität mit Gott ineinsfällt. Insofern deckt sich der Titel „Sohn“ mit den Bezeichnungen „das Wort“ und „der Gesandte“.

Der Kern der johanneischen Sohneschristologie, deren Basis in den synoptischen Evangelien und durch sie im historischen Jesus gegeben ist, liegt in dem, was als Ausgangspunkt aller Christologie deutlich geworden ist: in der Identität von Werk und Sein, von Tat und Person, im totalen Aufgehen der Person Jesu in ihrem Werk und der totalen Identität des Tuns mit der Person selber, die sich nichts vorbehält, sondern sich in ihrem Werk ganz gibt. Insofern kann man von einer johanneischen „Ontologisierung“ sprechen, d.h. von einem Rückgriff auf das Sein hinter die Phänomenalität des bloßen Geschehens.

Das vierte Evangelium spricht nicht bloß vom *Wirken Jesu*, sondern will machtvoll demonstrieren, dass *seine Lehre im Grunde er selbst* ist. Er als ganzer ist *Sohn, Wort, Sendung.* Das Handeln Jesu reicht bis in den Grund seines Seins hinab, ist identisch mit diesem. Diese mittels Ontologisierung vorgenommene Radikalisierung des Christusbekenntnisses führt zu keiner Preisgabe des Früheren, zu

12 Damit ist der „Kontruktionspunkt“ des Jesus-Buches Benedikts XVI. benannt: Der Papst „sieht Jesus von seiner Gemeinschaft mit dem Vater her, die die eigentliche Mitte seiner Persönlichkeit ist, ohne die man nichts verstehen kann und von der her er uns auch heute gegenwärtig ist“ (Joseph Ratzinger/Benedikt XVI., Jesus von Nazareth [Anm. 1], 12).

keiner triumphalistischen Verherrlichungschristologie anstelle der Dienstchristologie, die etwa mit dem gekreuzigten und dienenden Menschen nichts anfangen könnte und stattdessen einen ontologischen Gottmythos erfinden würde. Vielmehr wird das Frühere bei Johannes in seiner vollen Tiefe erfasst. Das Knechtsein wird nicht als bloße Tat verstanden, hinter der die Person Jesu in sich stehen bliebe. Das Knechtsein wird vielmehr in die ganze Existenz Jesu eingelassen. D. h. das *Sein Jesu als solches* ist Dienst. Gerade darin ist Jesus „der Sohn". Die Dogmen von Nizäa (325) und Chalkedon (451) wollen nichts anderes als diese *Identität von Dienst und Sein* aussagen, in der der ganze Gehalt der Gebetsbeziehung „Abba-Sohn" zutage tritt. Die frühchristlichen Dogmen mit ihrer ontologischen Christologie formulieren in ihrer Sprache das johanneische Zeugnis, das seinerseits das Reden Jesu mit dem Vater und das Sein Jesu für die Menschen bis zur Hingabe seines Lebens am Kreuz ins Wort bringt. Die „Ontologie" des vierten Evangeliums und der alten Symbola enthält einen radikaleren Aktualismus als alle Ansätze, die im 20. Jahrhundert unter dem Etikett Aktualismus aufgetreten sind.

5. Jesus Christus, die reine Eröffnetheit auf Gott hin

Jesus von Nazaret ist der exemplarische Mensch – so kann man den paulinischen Begriff des „letzten Adam" (1 Kor 15,45) sachgemäß übertragen.[13] Aber gerade als der exemplarische, maßgebende Mensch überschreitet Jesus die Grenze des Menschseins. Denn der Mensch ist umso mehr bei sich, je mehr er beim andern ist. Er kommt nur dadurch *zu* sich, dass er *von* sich wegkommt. Er kommt nur zu sich selbst durch das Sein beim anderen. Der Mensch ist in einer letzten Tiefe auf den wahrhaft anderen, auf Gott hin angelegt.

13 Vgl. zum Folgenden Joseph Ratzinger, Einführung in das Christentum (Anm. 2), 220–228.

Er ist umso mehr bei sich, je mehr er beim *ganz* anderen, bei Gott ist. Er ist ganz er selbst, wenn er aufgehört hat, sich in sich abzuschließen, wenn er die reine Eröffnetheit auf Gott hin ist.

Der Mensch kommt zu sich, indem er über sich hinauskommt. Jesus Christus ist der ganz über sich hinausgekommene und so der wahrhaft zu sich gekommene Mensch. Der Schritt der Menschwerdung am Anfang der Schöpfung, durch den erstmals „Logos", Geist in die Welt eintrat, ist erst dadurch an sein endgültiges Ziel gelangt, dass der Logos selbst, der ganze schöpferische Sinn, und der Mensch ineinandergetaucht sind. Die volle Menschwerdung des Menschen ist erst mit der Menschwerdung Gottes geschehen. Erst in ihr ist der Anfang der Schöpfung zu seiner höchsten Möglichkeit geführt.

Der Mensch ist dadurch Mensch, dass er unendlich hinausreicht über sich, dass er geöffnet ist für das Unendliche. Er ist umso mehr Mensch, je weniger er in sich verschlossen, „beschränkt" ist. Der *wahre* Mensch ist der am meisten ent-schränkte Mensch, der den Unendlichen nicht nur berührt, sondern eins mit ihm ist: Jesus Christus. In ihm ist die Menschheit an ihr endgültiges Ziel gekommen. Anhand des Gedankens des „exemplarischen Menschen" versucht Joseph Ratzinger jene grundlegende Überschreitung des Eigenen zu verstehen, die in Jesus Christus Menschsein und Gottsein zur Einheit verbindet.

Eine weitere Grenzaufhebung muss ins Blickfeld rücken: Wenn Jesus der exemplarische Mensch ist, in dem die wahre Gestalt des Menschen, die Idee Gottes mit dem Menschen, vollends ans Licht tritt, dann kann Jesus nicht dazu bestimmt sein, nur eine absolute Ausnahme zu sein, eine Kuriosität, in der Gott seine Möglichkeiten demonstriert. Wenn in Jesus die Idee Gottes mit dem Menschen in endgültiger und unüberholbarer Weise zur Verwirklichung kommt, dann geht die Existenz Jesu die ganze Menschheit an. Jesus als „letzter Adam" (1 Kor 15,45) versammelt die ganze Menschheit in sich.[14] Die Realität des „Leibes Christi" im Sinne des Paulus ist

14 Joseph Ratzinger/Benedikt XVI. (Jesus von Nazareth [Anm. 1], 33) weist darauf hin, dass „das eigentlich Erlösende" in der „Überschreitung der Schran-

eine innere Forderung dieser Existenz, die die ganze Menschheit „an sich ziehen" muss (vgl. die johanneische Deutung des Kreuzestodes Christi; Joh 12,32: „... wenn ich über die Erde erhöht bin, werde ich alle zu mir ziehen"). Das Kreuz bildet das Zentrum der johanneischen Theologie. Die Kreuzigung erscheint im vierten Evangelium als ein Vorgang der Öffnung, durch die die verstreuten Mensch-Monaden in die Umarmung Jesu Christi, in den weiten Raum seiner ausgespannten Hände einbezogen werden, um in solcher Vereinigung das Ziel der Menschheit zu erreichen. Christus, der kommende Mensch, ist wesentlich der Mensch für die anderen. Als der ganz offene Mensch ist er der Mensch der Zukunft. Die Zukunft der Menschheit liegt im „Sein-für".

Es bestätigt sich hier noch einmal, was wir als den Sinn der Rede von der Gottessohnschaft Christi erkannt haben: der Verweis auf die dynamisch-aktuale Existenz, die wesentlich Offenheit in der Bewegung zwischen Von und Für ist. Christus ist der vollkommen offene Mensch. Er ist ganz „Übergang" („Pascha"). Der vierte Evangelist schließt seine Darstellung des irdischen Jesus mit dem Bild der Existenz, deren Wände aufgerissen sind, die keine festen Grenzen mehr kennt, sondern wesentlich Offensein ist (vgl. Joh 19,34: „... einer der Soldaten stieß mit der Lanze in seine Seite, und sogleich floss Blut und Wasser heraus"). Im Bild der durchbohrten Seite gipfelt für Johannes die ganze Geschichte Jesu. Nach dem Lanzenstich ist die Existenz Jesu ganz offen, ganz „Für" (Pro-Existenz). Nun ist er wahrhaft nicht mehr ein Einzelner, sondern „Adam", aus dessen Seite Eva, eine neue Menschheit, gebildet wird (vgl. die Wiederaufnahme des Wortes „pleurá" = „Seite" aus Gen 2,21f, das zu Unrecht mit „Rippe" übersetzt wird). Die offene Seite des neuen Adam wiederholt das Schöpfungsgeheimnis der „offenen Seite" des Mannes: Sie ist der Anfang einer neuen, definitiven Gemeinschaft der Menschen miteinander. Als ihre Symbole stehen Blut und Wasser, die auf die Grundsakramente Taufe und Eucharistie und durch sie hindurch auf die Kirche als das Zeichen der neuen

ken des Menschseins, die durch die Gottebenbildlichkeit als Erwartung und als Möglichkeit im Menschen schon von der Schöpfung her angelegt ist", besteht.

Gemeinschaft der Menschen verweisen.[15] Christus ist der Mensch für die anderen, der einen neuen Anfang für die Menschheit eröffnet. Der Mensch kommt nur zu sich selbst, indem er die Wände seiner Existenz abbrechen lässt, auf den Durchbohrten blickt (vgl. Joh 19,37) und dem nachfolgt, der als der Durchbohrte, Geöffnete den Weg in die Zukunft weist.[16]

6. Abschließende Bemerkungen

Gleichsam in summarischer Verdichtung seiner christologischen Aussagen bemerkt Joseph Ratzinger in seinem Jesus-Buch am Ende des Kapitels „Das Evangelium vom Reich Gottes“, dass Jesus „immer als der Sohn spricht“ und dass „immer die Beziehung von Vater und Sohn im Hintergrund seiner Botschaft steht“. Insofern ist immer zentral von Gott die Rede. Aber weil Jesus „selbst Gott – der Sohn – ist, darum ist seine ganze Verkündigung Botschaft seines eigenen Geheimnisses, die Christologie, das heißt Rede von der Anwesenheit Gottes in seinem eigenen Tun und Sein“. Dies ist der Punkt, „der zur Entscheidung fordert“ und „zu Kreuz und Auferstehung hinführt“.[17] Der große jüdische Gelehrte Jacob Neusner[18] hat dem Papst „die Augen geöffnet für die Größe von Jesu Wort und

15 Vgl. auch Thomas Söding, Jesus und die Kirche. Was sagt das Neue Testament?, Freiburg 2007.

16 Wichtig ist in diesem Zusammenhang auch folgende Publikation: Joseph Kardinal Ratzinger, Schauen auf den Durchbohrten. Versuche zu einer spirituellen Christologie, Einsiedeln 1984. – Vgl. auch Joseph Ratzinger, Die Christologie im Spannungsfeld von altchristlicher Exegese und moderner Bibelauslegung, in: Johannes Tenzler (Hg.), Urbild und Abglanz. Beiträge zu einer Synopse von Weltgestaltung und Glaubenswirklichkeit. Festgabe für Herbert Doms zum 80. Geburtstag, Regensburg 1972, 359–367; ders., Jesus Christus heute (1990), in: ders., Ein neues Lied für den Herrn. Christusglaube und Liturgie in der Gegenwart, Freiburg 1995, 15–45.

17 Vgl. Joseph Ratzinger/Benedikt XVI., Jesus von Nazareth (Anm. 1), 92.

18 Vgl. Jacob Neusner, Ein Rabbi spricht mit Jesus. Ein jüdisch-christlicher Dialog, München 1997. – In englischer Sprache ist das Buch Neusners 1993 erschienen.

für die Entscheidung, vor die uns das Evangelium stellt". In seinem Jesus-Buch tritt Joseph Ratzinger als Christ in das Gespräch des Rabbi mit Jesus mit ein, „um von ihm her das authentisch Jüdische und das Geheimnis Jesu besser zu verstehen".[19] Was an Jesus Anstoß erregte, war Folgendes: „dass er sich mit dem lebendigen Gott selbst auf eine Stufe zu stellen schien".[20] Dies vermochte der streng monotheistische Glaube der Juden nicht anzunehmen; darauf konnte auch Jesus selbst nur langsam und allmählich hinführen. Das war es auch, was – bei aller ungebrochenen Einheit mit dem Glauben an die Einzigkeit Gottes – „seine ganze Botschaft durchdringt und ihr Neues, Besonderes, Einzigartiges ausmacht."[21]

19 Vgl. Joseph Ratzinger / Benedikt XVI., Jesus von Nazareth (Anm. 1), 99.
20 Ebd., 350.
21 Ebd., 350f.

Der Dreifaltige Gott als „Communio“ in der Trinitätslehre Joseph Ratzingers

Hans Christian Schmidbaur

Wenn ich auf die Stufen meines eigenen spirituellen und intellektuellen „Werdegangs“ nicht nur hin zum Priestertum, sondern auch zu einem Theologen und Dogmatiker zurückblicke, dann erinnere ich mich nicht nur an die Begegnung mit meinem theologischen Lehrer und „Mentor“ Gerhard Ludwig Müller während des Studiums an der Universität München, sondern auch an die ersten Wegstrecken einer Lektüre der Werke „Einführung in das Christentum“ und „Dogma und Verkündigung“ unseres damaligen Erzbischofs Joseph Ratzinger, die schon während meiner Gymnasialzeit unbeholfen begann, und die mich neben anderem später dazu bewegte, nicht nur die Dogmatik als Schwerpunktfach, sondern in ihr auch noch die Trinitätslehre als eines der Hauptthemen meines Denkens und Forschens – angefangen mit der Diplomarbeit, über die Dissertation, bis hin zur Habilitation – zu wählen.

Während die meisten anderen Kollegen und Kommilitonen bis heute diesen komplexesten und filigransten aller Themenbereiche lieber umgehen – weil der „Glaube doch einfach ist“, in einer gelebten, persönlichen Beziehung mit Christus und seinem „Vater im Himmel“ bestehe, und nicht in einer Auseinandersetzung mit einem in Jahrhunderten gewachsenen „Gestrüpp von abstrakten Lehrmeinungen, spekulativen Theorien und Dogmen“, die am Ende doch nie hinreichen könnten, das unergründliche Mysterium Gottes zu erfassen – habe ich mich mit Interesse und jugendlichem Ehrgeiz in diese Auseinandersetzung mit der Trinitätslehre begeben und bin hier einem Traditionsstrom begegnet, der schon mit der Patristik begann, und der sich mit seinen unzähligen Begriffen, immer subtiler werdenden Distinktionen und Modellen bis in die Gegenwart hinzieht.

„Ein System von abstrakten Theorien ohne erkennbaren Bezug zum Glauben!“ – Nicht nur Karl Rahner, sondern auch Joseph Ratzinger war es so ergangen, als sie als junge Theologiestudenten in Innsbruck und Freising einer Trinitätslehre begegneten, welche – noch dem „Traktatensystem thomistischer und neuthomistischer Prägung“ verhaftet – so gut wie jeden soteriologischen und spirituellen Bezug zu den anderen „Traktaten“ verloren hatte, und sich als ein doktrinär-positivistisch vorgetragenes System von „zu glaubenden Dogmen“ über eine „immanente Trinität“ in sich selbst verschloss.

Wenngleich beide – der junge Rahner, wie der junge Ratzinger – wussten, dass diese Deutung weder der Glaubensüberzeugung, noch den Intentionen ihrer damaligen Lehrer entsprach, so waren sie doch über die unausbleiblichen Folgen dieser „neuthomistischen Methodik“ bedrückt und versuchten, diesem durch eine neu konzipierte, „heilsgeschichtlich orientierte Trinitätslehre“ Abhilfe zu schaffen: Eine neue Trinitätslehre sollte und musste entstehen, die das Mysterium Gottes nicht mehr in sich verschloss, sondern dem Menschen wieder Zugang zu den göttlichen Personen erschloss – im persönlichen Glaubensbezug wie auch in kirchlicher Liturgie und Verkündigung.

Die sog. „Trinitätsvergessenheit“, oder – wie Ratzinger sich ausdrückt: „Ausklammerung der Wir-Realität Gottes“[1] – welche Karl Rahner schon in den Eingangsworten seiner Gotteslehre in der neuen „Heilsgeschichtlichen Dogmatik Mysterium salutis“ beklagte, und der Abhilfe geschafft werden müsse, hatte nicht nur die wissenschaftliche Dogmatik erfasst, wo man einem immer monopersonaler wirkenden Traktat *De Deo uno* mit einer Beschreibung der göttlichen Natur, ihrer Eigenschaften, und ihrer „Wirkungen nach außen in Welt und Geschichte“ anschließend noch einen Traktat *De Deo trino* anhängte, in dem ausgeführt wurde, dass dieser Gott nach dem Zeugnis der Offenbarung „in sich“ auch noch trinitarisch sei!

Ratzinger schreibt deshalb in „Dogma und Verkündigung“ sehr drastisch:

1 Joseph Ratzinger, Dogma und Verkündigung, München ^{3}1977, 219f.

> „Diese Ausklammerung der Wir-Realität Gottes aus der christlichen Frömmigkeit ... war eine der folgenschwersten Entwicklungen der abendländischen Kirche. ... Es war in der Tat die Folge der Trinitätslehre Augustins, dass die Personen Gottes gänzlich ins Innere Gottes eingeschlossen wurden, Gott nach außen hin zum reinen Ich wurde und dass so die ganze Wir-Dimension ihren Ort in der Theologie verloren hat!“[2]

Wenngleich diese kurze Analyse in ihrer Oberflächlichkeit den meisten Modellen traditioneller Trinitätstheologie nicht ganz gerecht wird und als „Übertreibung“ oder „Abwertung“ bezeichnet werden kann, so muss doch festgestellt werden, dass in den genannten Modellen der Gotteslehre die Trinität tendenziell ihren integralen Bezug zur Heilsgeschichte als Ort ihrer tätigen Selbstoffenbarung verloren hatte!

Dem neothomistischen Axiom *„Opera ad extra sunt una!“* folgend, behandelte man das geschichtliche Heilswirken Gottes so, als ob es auch von einem einpersonalen Gott hätte vollbracht werden können, um danach nur noch „instruktionstheoretisch“ mitzuteilen, dass dieser Gott „in sich“ auch noch dreipersonal sei! Damit hatte die Trinität als Mysterium der handelnden göttlichen Personen ihren Ort als „direkte Träger und Akteure der Schöpfungs- und Heilsgeschichte“ verloren: Nach außen wirkten nicht mehr sie selbst, sondern ein „Gott an sich“, oder eine „Gottnatur“, die latent immer mehr Subsistenz- und Subjektcharakter annahm. Dieser neue Akteur bringt dann „zum Zweck der Erlösung“ aus sich die sog. „Ökonomische Trinität“ hervor, welche einerseits zwar noch als ein „Spiegelbild“ der innertrinitarischen Gottnatur angesehen werden konnte, andererseits aber immer mehr den Charakter einer von Gott bestimmten, „heilsgeschichtlichen Erscheinungsweise“ annahm.

Die direkte Einheit von Akt und Sein in Gott, nach der jeder göttliche Akt auch als direkte Selbstmitteilung seines inneren Wesens angesehen werden muss – „Gott kann nie anders handeln, als er

2 Ebd., 219.

ist!" – und dies wurde von Augustinus bis hin zu den großen Vertretern der Hochscholastik als metaphysische Denknotwendigkeit mit Verve vertreten –, geriet damit aus den Fugen: Obwohl theoretisch natürlich bestritten, zeichnete sich dieser seit der Zeit nach Kardinal Cajetan historisch gewachsene „Systemdefekt" in der Gotteslehre an seinen praktischen Folgen in Pastoral, Verkündigung und Glaubensbewusstsein deutlich ab: Es entstand damit jene von Rahner wie auch Ratzinger zu Recht bemängelte „Trinitätsvergessenheit", die man an folgendem Phänomen deutlich erkennen kann:

Zwar wurde das Nizaeno-Constantinopolitanische Credo, das dezidiert alle Wirkungen Gottes nach außen, angefangen von der Schöpfung, über die Heilsgeschichte, bis hin zur eschatologischen Vollendung der Schöpfung in Gott, direkt den drei göttlichen Personen in ihrer handelnden Dreiheit zuordnet, als *Depositum Fidei* weiterhin „brav gebetet"; – in Verkündigung, Katechese und Glaubensvermittlung war man jedoch schon lange dazu übergegangen, von Jesus nur noch als dem „Mensch gewordenen Gott" oder von einem „Geist Gottes" zu reden, um das *Skandalon Trinitatis* zu umgehen. Die Trinität hatte ihren konkreten Praxisbezug verloren, und dies hält bis heute unvermindert an: Die meisten Gläubigen denken, beten und glauben nicht trinitarisch, und nehmen die Trinität auch nicht als entscheidendes Differenzkriterium zu den anderen monotheistischen Religionen wie Judentum oder Islam wahr.

Selbst die meisten Geistlichen erkennen im Trinitätsglauben keinen spirituell vermittelbaren Reichtum oder ein Predigtthema, das zu erhellenden Einsichten führen könnte, sondern sehen in ihm eher eine peinliche Last, die man besser umgeht, weil man dazu nichts zu sagen weiß, und flüchten sich bei interessierten Verständnisfragen meist in den kryptischen Satz: „Das ist ein großes Geheimnis!"

Dies löst bei den Gläubigen ebenfalls eine symptomatische Sprachlosigkeit aus, die zwar gemeinhin unerkannt bleibt, heute aber umso peinlicher sichtbar wird, je mehr die christliche Welt in Konflikt mit dem Islam und einem islamischen Fundamentalismus gerät, welcher die drei Zentralsätze des Christentums – Inkarnation, Gottsohnschaft und Gottgleichheit Jesu, und Personalität des Heiligen Geistes – nicht nur als unmöglich bestreitet, sondern sogar als unverzeihliche Gotteslästerung brandmarkt.[3] Die Ereignisse der vergangenen Jahre seit dem schon sprichwörtlichen „11. September“ 2001, dem Afghanistan- und Irak-Krieg, den Bombenattentaten von Madrid und London, bis hin zu den polemischen Angriffen auf Benedikt XVI. selbst im vergangenen Jahr zeugen davon.

Selbst die christentumsfreundliche, intellektuell-humanistische Öffentlichkeit reagiert darauf nicht; sie beschwichtigt lediglich und ruft zur Toleranz auf, oder verweist auf die Tatsache, dass die „Unterschiede so groß ja gar nicht seien“, weil doch im Grunde fast alle Religionen „Jesus Christus zumindest als Propheten, weisen Mann, oder zumindest moralisches Vorbild anerkennen“; und dies könne und müsse doch als Grundlage reichen![4]

3 Im Zentrum des Koran steht der Glaube an den einen und einzigen Gott, der keine anderen Götter neben sich duldet (Sure 112)! Wer ein Geschöpf als „Sohn Gottes“ betrachtet und neben Gott als „göttlich“ verehrt, begeht die Sünde der „Beigesellung“ (*shirk),* für die es keine Vergebung gibt: „Ja, diejenigen sind ungläubig, welche sagen: Gott ist einer von dreien. Dabei gibt es keine Gottheit außer dem einen. Sollten sie aber nicht von ihrer Behauptung ablassen, so wird sicherlich die Ungläubigen unter ihnen eine schmerzhafte Strafe treffen!“ (Sure 5,73). Jesus darf also niemals als „Sohn Gottes“ bezeichnet werden (Suren 4,172; 6,101; 4,171: „Glaubt also an Gott und seinen Gesandten, und sprecht nicht ‚Drei‘! – Steht ab davon, gut ist's euch! Gott ist nur ein einziger Gott; gepriesen sei er und darüber erhaben, dass er ein Kind habe!“). „Nicht ist der Messias, der Sohn der Maria, etwas anderes als ein Gesandter!“ (Sure 5,75). „Sag: Er ist der eine Gott, der ewige Gott! Er zeugt nicht und wurde nicht gezeugt, und kein Wesen ist ihm gleich!“ (Sure 112,1–4). „So nehmt euch nicht die Juden und Christen zu Freunden! … Gott leitet nicht ungerechte Leute!“ (Sure 5,57). „Kämpft gegen diejenigen, die nicht an Gott und nicht an den jüngsten Tag glauben und nicht verbieten, was Gott und sein Gesandter verboten haben, und nicht der Religion der Wahrheit gehören, von denen die das Buch erhalten haben, bis sie demütig den Tribut aus der Hand entrichten!“ (Sure 9,29). Jesu Tod hat keine Heilsbedeutung (Sure 4,157). Zur islamischen Theologie: EKD, Was jeder vom Islam wissen muss, Gütersloh [6]2001; Monika und Udo Tworuschka, Der Koran und seine umstrittenen Aussagen, Düsseldorf 2001.

4 Gesine Schwan/Adel Th. Khoury/Karl Lehmann, Benedikt XVI. – Glaube und Vernunft. Die Regensburger Vorlesung, kommentiert von Gesine Schwan, Adel Theodor Khoury und Karl Kardinal Lehmann, Freiburg-Basel-Wien 2006; Apostolische Reise Seiner Heiligkeit Papst Benedikt XVI. nach München, Altötting und Regensburg 9. bis 14. September 2006. Predigten, Ansprachen und Grußworte, in: AAS 174, Città del Vaticano 2006.

Wenngleich wir mit diesen Beobachtungen unser eigentliches Thema, die Trinitätslehre Joseph Ratzingers, schon ein wenig in Richtung „Politisches“ verlassen haben, erscheinen mir die gegenwärtigen Themen des interreligiösen Dialogs in der Gottesfrage von derartiger Virulenz, dass wir sie nicht umgehen können, ohne an Aktualität zu verlieren! – Diese Entwicklung zeigt sich auch in den Veröffentlichungen und Stellungnahmen Ratzingers der vergangenen Jahre selbst: Während sich seine frühen Schriften wie z. B. „Einführung in das Christentum“, oder „Dogma und Verkündigung“ noch einer rein innerchristlichen Erneuerung der Trinitätslehre widmen, tritt er mit den Veröffentlichungen der letzten Jahre immer mehr in den religionswissenschaftlichen und interreligiösen Dialog ein: Werke wie „Glaube – Wahrheit – Toleranz“, „Wahrheit – Werte – Macht“, „Zur Lage des Glaubens“, oder „Gott und die Welt“ bezeugen dies.

Die Gottesfrage bleibt weiter virulent, aber die Themen der Auseinandersetzung über den Wahrheitsanspruch des Gottesgedankens im Allgemeinen wie des christlichen Glaubens im Besonderen, hat sich verlagert: Einerseits will die heute immer postchristlicher gewordene Intellektualwelt Europas die „Früchte des christlichen Humanismus“ weiterhin „zum Wohle der Menschen“ bewahren; andererseits zeigt sie aber für einen Erhalt oder eine Begründung theoretischer Glaubensinhalte kein Interesse, und dreht diese mehr und mehr durch die „Mangel“ rationalistischer, relativistischer, und am Ende synkretistischer Deutungsmodelle, die nichts konkret leugnen, aber auch nichts mehr verbindlich behaupten wollen!

Ratzinger hatte als junger Professor schon Mitte der 60er-Jahre die Anfänge solcher „Zersetzungsprozesse“ auch innerhalb der zeitgenössischen Theologie wahrgenommen und vielfach dezidiert gegen radikale Modelle der sog. „Liberalen Theologie“, der „Historisch-kritischen Exegese“, und der sog. „Autonomen Moral“ Stellung bezogen.

Je mehr die moderne Welt jedoch durch den Einfluss der politischen und ökonomischen Globalisierung aus ihren „sicheren Binnenräumen“ heraustritt und in Konflikt mit anderen kulturellen Systemen und Weltanschauungen gerät, hat sich das Problem nochmals verschärft: Unsere bekenntnismüde Wohlstandsgesellschaft begegnet heute radikal bekenntnisorientierten Gegengesellschaften, die sich nicht nur dezidiert jedem Einfluss durch den „Westen" verschließen und für den Erhalt ihrer Glaubensüberzeugungen Nachteile bis hin zum Selbstopfer hinnehmen, sondern die mit ihrem als „*Djihad* gegen die Ungläubigen" gedeuteten Terror sogar schon bis in die Zentren unserer Großstädte vordringen.

Dies offenbart eine neue Schwäche unserer in allem anderen so übermächtigen Kultur: Die unbedingte Macht des Religiösen offenbart sich uns erneut in dem Phänomen des Fanatismus anderer, welche – obwohl technisch und militärisch unendlich schwächer – sich durch nichts, auch nicht das Eingreifen einer Supermacht – in die Knie zwingen lassen! – Der Verlauf des Afghanistan- und des Irakkrieges beweisen das. – Jeder Appell an Toleranz, Mäßigung und Moral bleibt hier nicht nur wirkungslos – er wird vielmehr von der Gegenseite als Erweis unserer Glaubenslosigkeit und unseres Wertemangels verhöhnt. – Wir haben diesen Gesinnungswelten aus Eigenem nichts mehr entgegenzusetzen, und damit kehrt unser Exkurs in die interreligiöse Ebene zu unserem Problem mit der Gottesfrage zurück:

Die Neigung des postmodern-aufgeklärten Zeitgeistes, Inhalt und Sinn von „Religion im allgemeinen" auf Ethik und eine „Erziehung zu tolerantem Wohlverhalten" zu reduzieren, zeichnet sich in den Äußerungen, wie sie z.B. von Gesine Schwan, Altbundeskanzler Helmut Schmidt und anderen in Veröffentlichungen und in Fernsehinterviews gemacht wurden, deutlich ab: Man interessiert sich also gar nicht mehr für religiöse Bekenntnisse an sich und diskutiert auch nicht mehr über ihre innere Wahrheit, sondern bewertet sie nur noch im Hinblick auf ihre „ethischen Effekte": Gut und förderlich ist eine Religion dann, wenn sie die Leute friedlich, tolerant und menschlich macht; in sich schlecht und falsch hingegen ist sie sicherlich dann, wenn sie ihre Anhänger hart, aggressiv und intolerant macht!

Die meisten Abendländer würden hier zustimmen, und sagen: „Ja, genau so ist es! Was zählt, ist doch nur die Liebe!"; aber hier übersehen sie, dass sie sich damit von der Wahrheitsfrage absentiert und die Religion bereits instrumentalisiert haben: Über Glaubenswahrheiten wird nicht mehr diskutiert, weil wir sie schon relativiert und zum Mittel zum Zweck gemacht haben. Wie Gott wirklich sei, wisse ja sowieso keiner genau; alle Religionen sagen – lediglich in verschiedene Mythen und allegorische Fabeln verpackt – „im Letzten sowieso nur relativ das Gleiche"; und es komme bei allem ja nur auf die moralischen Wirkungen an!

Joseph Ratzinger hat dieses charakteristische Merkmal heutigen Zeitgeistes in seiner Aufsehen erregenden Predigt zur Eröffnung des Konklaves, das ihn später zum Papst wählen würde, als eine neue „Diktatur des Relativismus" bezeichnet, die jeden schon als „intolerant" brandmarkt, der überhaupt noch etwas als letzte, sichere Wahrheit behauptet![5] Der Relativismus als neues „Dogma des Zeitgeistes" erklärt – hier G. E. Lessings „Nathan der Weise" folgend – die „volle Wahrheit" für prinzipiell unerreichbar und verlangt deshalb von jedem – insbesondere von den Religionen – ihre Wahrheiten und Bekenntnisse auf „relative Meinungen" zurückzuschrauben, die keinen absoluten Verpflichtungsanspruch mehr erheben.

Von dieser „radikalen Abstinenz von der Wahrheitsfrage" – besonders in religiösen Dingen – die jeden, wie der „alte Fritz" sagte, „nach seiner Facon selig werden lässt", erkennt der moderne Relativismus den einzigen gangbaren Weg zu einem friedlichen und toleranten Zusammenleben der Menschen aller Rassen, Kulturen, Religionen und Völker. Wo immer jedoch eine Religion den eigenen Glauben für die einzige, absolute und legitime Wahrheit hält, erwache der intolerante Fundamentalismus, der Andersdenkende in die Knie zwingen zu dürfen glaubt, und so die Völker gegeneinander aufhetzt.

Was sollen wir also machen mit unserem christlichen Zentralbekenntnis zum Dreifaltigen Gott? Sollen wir in ihm in Zukunft nur noch eine „relativistische Deutungsparabel" über etwas „Prinzipiell Unerkennbares wie Gott" sehen, die gleichberechtigt neben den anderen Parabeln z. B. des Judentums, des Islam, oder des Hinduis-

5 KNA, Missa pro Eligendo Romano Pontifice: Predigt von Joseph Kardinal Ratzinger, 18.04.2005.

mus steht, die Jesus und den Geist ja auch partiell anerkennen, auch wenn sie ihn nur anders einordnen? Schon in den 50er-Jahren vertrat der englische Schriftsteller Graham Greene, der sich öffentlich zum Christentum bekannte, diese heute landläufige Position, als er sagte: „Obwohl ich Christ bin, hat die Trinität für mich keine Bedeutung. Sie ist ja nur ein Versuch, das Unerklärliche zu erklären!"

Dieser Ansatz suggeriert aufs Erste gesehen große Richtigkeit, denn Gott als Gott bleibt für unsere Vernunft und Wahrnehmung zweifellos immer eine Wirklichkeit, die „alles Erkennen übersteigt" (Eph 3,19), und von der Paulus im 1. Korintherbrief sagt: „So erkennt auch keiner Gott – nur der Geist Gottes (selbst)" (1 Kor 2,11). Aber er ist doch auch Person, die den unendlichen Graben zwischen Ewigkeit und Zeit überspringen und für uns „unendliche, konkrete Nähe" werden kann, weil sie uns als Person kennt, sucht und will!

Die christologischen Mysterien von Menschwerdung, Kreuz und Auferstehung – gemeinhin als das Proprium des Christentums mit der Botschaft von einem uns nahe gekommenen Gott angesehen – reichen als solche aber nicht aus, denn sie besitzen als Ursprung und Möglichkeitsbedingung den Gedanken an den Dreieinen Gott selbst als „Communio Personarum", die uns als nach seinem Ebenbild geschaffene Personen dazu bestimmt hat, an seiner Communio teilzuhaben, die als ewige, interpersonale Liebe Einheit und Gegenüber zugleich ist.

Nur der dreifaltige Gott ist deshalb der „menschenfreundliche Gott", der uns nicht in die Fülle seines Eigenseins aufsaugt, sondern der auch in Ewigkeit unseren Eigenstand bewahrt und uns sein lässt, was wir sind: Menschen, zur Gemeinschaft mit seiner Gemeinschaft geschaffen! Ratzinger schreibt deshalb in „Dogma und Verkündigung": „Mit diesem trinitarischen Wir, mit der Tatsache, dass auch Gott als ein Wir existiert, ist aber schon und zugleich der Raum des menschlichen Wir zubereitet!"[6]

Er ist auch nicht der allmächtige „Weltenherrscher", der nur erdrücken würde, und von dem Schiller einmal dichtend sagte: „Einsam ward der große Weltenmeister, fühlte Mangel, drum schuf er

6 Joseph Ratzinger, Dogma und Verkündigung (Anm. 1), 218.

Geister!" – Nein: Er ist in sich selbst von Ewigkeit her schon Gemeinschaft, Dialog und inneres Gegenüber; und als solches braucht er die Menschen nicht, um ein Gegenüber zu haben; aber als ewige Liebe ist er auch freigebige Offenheit für andere! So – und nur so – können auch die „Werke Gottes nach außen", d. h. das Schöpfungs- und Erlösungswerk, bis hin zur eschatologischen Vollendung der Schöpfung und des Menschen in Gott als Werke der Freiheit und einer Liebe begriffen werden, die einerseits dem Geschöpflichen Eigenstand und Freiheit zugesteht, andererseits aber auch freigebig teilhaben lässt an der eigenen Fülle!

Es ist also nach dem Christentum nicht der Mensch, der emporklimmen müsste bis hin zu Gott, denn dies schaffte er aus eigener Kraft gewiss nie, da hat die Philosophie gewiss Recht! Es ist vielmehr Gott selbst, der kenotisch herabsteigt zu uns: „Der Einzige, der Gott ist und am Herzen des Vaters ruht – er hat uns Kunde gebracht!" (Joh 1,18).

Wir berühren hier nicht nur den trinitarischen Urgrund der Christologie, sondern auch den zentralen Kern einer heilsgeschichtlichen Neubegründung der Trinitätslehre, wie ihn Joseph Ratzinger, Hans Urs von Balthasar, Gisbert Greshake und viele andere systematisch versucht haben: Trinitätslehre ist der Versuch, mit unserem Denken dem heilsgeschichtlich erfahrenen „Abstieg" der alles übersteigenden, göttlich-dreieinigen Wirklichkeit im menschgewordenen *Lógos* und im Geist gerecht zu werden. In seiner „Einführung in das Christentum" sagt Ratzinger deshalb:

> „Die Trinitätslehre ist nicht aus einer Spekulation über Gott entstanden, aus einem Versuch des philosophischen Denkens, sich zurechtzulegen, wie der Ursprung des Seins beschaffen sei, sondern sie hat sich aus dem Mühen um eine Verarbeitung geschichtlicher Erfahrungen ergeben!"[7]

Theologie beginnt also mit dem „Hören" auf die göttliche Offenbarung, die als Mysterium die menschliche Vernunft zwar übersteigt

7 Joseph Ratzinger, Einführung in das Christentum, München 1985, 125f.

(*supra rationem*), aber ihr doch nicht widerspricht (*non contra rationem*). Der Theologe steht also auf Seiten des „absteigenden Weges“ und betrachtet erst einmal die Phänomene der auftretenden Offenbarungsgestalt Gottes (balthasarianisch: Theo-Ästhetik) und ihr Handeln in der Heilsgeschichte (Theo-Dramatik), um danach daraus seine Schlüsse zu ziehen, wie das Ganze zu verstehen und kongruent zu beschreiben sei (Theo-Logik). Die Trinität als Lehre und Rückschluss gehört also der Theo-Logik an, und ergibt sich, wie Ratzinger in seiner „Einführung in das Christentum“ sagt, aus der Erkenntnis der „Ausweglosigkeit der Auswege“:

> „Die kirchliche Lehre, wie sie uns in dem Wort vom drei-einigen Gott gegeben ist, bedeutet im Grunde den Verzicht auf den Ausweg und das Stehenbleiben im Geheinmis, das dem Menschen nicht erreichbar ist: In Wahrheit ist dieses Bekenntnis der einzig wirkliche Verzicht auf die Anmaßung des Bescheidwissens, das die glatten Lösungen mit ihrer falschen Bescheidenheit so verführerisch macht.“[8]

Der Theologe maßt sich also nicht an, jemals vollends begreifen zu können, wie Gott ist (sonst wäre er ja selber Gott), und erkennt im Mysterium der göttlichen Dreieinigkeit weiterhin ein *Mysterium stricte dictum,* aber er tastet sich in seiner denkerischen Analyse dieses geschichtlichen Abstiegshandelns Gottes so weit wie möglich vor, um zu erkennen, dass allein unter der Voraussetzung des „skandalösen Gedankens der Trinität“ alle Phänomene der göttlichen Selbstoffenbarung widerspruchsfrei zusammengedacht werden können: Ohne Trinität keine Christologie mit dem Gedanken der Menschwerdung und Zwei-Naturen-Lehre; ohne diese beiden keine Erlösung und Auferstehung; und ohne diese drei zusammen genommen keine Vollendung der Menschlichen Person in der Teilhabe am trinitarischen Gott selbst als „*Communio personarum*“.

Joseph Ratzinger ist, wenngleich er in einigen Schriften die Konsequenzen der Augustinischen Trinitätslehre kritisiert hat, dem

8 Ebd., 129f.

denkerischen Grundansatz dieses abendländischen Kirchenvaters immer treu geblieben, der einmal sagte: *„Ich bin nun einmal ein Mensch, der in seinem Verlangen ungeduldig ist, das Wahre nicht nur zu glauben, sondern zum Verstehen zu gelangen!“*[9] – Theologie als „Hörendes Denken“ hebt das unergründliche Geheimnis göttlichen Seins nicht auf, oder versucht es in für uns begreifbare Formeln zu pressen – das wäre rationalistische Manipulation –, sondern versucht nur aufzuzeigen, was dieses unergründliche Mysterium von blankem Unsinn oder innerem Widerspruch unterscheidet:

„Ens et Verum convertuntur!“ – Was in sich widersprüchlich ist und einander ausschließt, kann auch in Gott nicht wahr sein! Einen absoluten Widerspruch zwischen Denken und Glauben kann es also nicht geben, wenn der Inhalt des Glaubens als wahr anerkannt bleiben will; denn er machte aus unserem Ja zu Gott ja ein fideistisches *Credo quia absurdum,* das der Würde des Menschen nicht angemessen ist.

So sagt derselbe Augustinus auch in seinen Epistulae:

> „Es ist ausgeschlossen, dass unser Glaube den Verzicht auf vernunftgemäße Erklärung oder vernunftgemäßes Forschen verlangt. Denn wir könnten nicht glauben, wenn wir nicht vernunftbegabte Seelen hätten. Wenn es also ein Vernunftgebot ist, dass bei gewissen erhabenen Dingen, die wir noch nicht begreifen können, der Glaube der Vernunft vorausgeht, so geht auch ohne Zweifel ein bisschen Vernunft, die uns dieses lehrt, dem Glauben voraus!“[10]

Dieser Satz umreißt im Wesentlichen auch den Grundansatz Ratzingers in der Beschreibung des Sinnes und Vorgehens in der Trinitätslehre.

Wie ist aber dann unter dieser Prämisse, die ja auch eine denknotwendige Unveränderlichkeit und Jenseitigkeit Gottes einschließt, eine wirkliche und direkte Selbstoffenbarung in Welt und Zeit

9 Aurelius Augustinus, De Academicis III 20;43.
10 Aurelius Augustinus, Epistulae 120,3.

denkbar? Die rein philosophische Vernunft in all ihren Vertretern von der Antike bis zum Rationalismus und zum Immanuel Kant der Neuzeit musste dies ausschließen. Joseph Ratzinger hat in „Dogma und Verkündigung“ und auch in „Fest des Glaubens“ eindringlich auf diesen Umstand hingewiesen, und macht mit seinen Schlussfolgerungen nicht nur den positiven Sinn, sondern auch die metaphysische Notwendigkeit der Trinitätslehre für eine intellektuelle Rechtfertigung des Christentums deutlich. In „Fest des Glaubens“ schreibt er:

> „Schließlich gibt es gegen einen Gott, der in Schöpfung und Offenbarung über sich hinauswirkt, auch einen eigentlich theologischen Einwand. Ihn hat zuerst Aristoteles in aller Schärfe formuliert; er ist in der christlichen Theologie immer hintergründig gegenwärtig geblieben und wohl auch bisher nicht vollends aufgearbeitet worden. Der Einwand sagt, dass Ewigkeit von ihrem Begriff her nicht in Beziehung treten kann zur Zeit, und dass Zeit von derselben Logik her nicht die Möglichkeit hat, auf Ewigkeit einzuwirken. Denn Ewigkeit schließt ihrem Wesen nach Unveränderlichkeit, gesammelten, zeitenthobenen Seinsbesitz ein. … Ich möchte die These wagen, dass ein nicht-trinitarischer Monotheismus dem Einwand von Aristoteles in der Tat kaum begegnen kann. Er wird Ewigkeit und Zeit letztlich als unvermittelbare Gegensätze stehen lassen müssen!“[11]

So sehr Ratzinger also die Bedeutung der reflektierenden Vernunft als einem integralen Bestandteil des Glaubens auch an den Dreifaltigen Gott hoch einschätzt, so sehr betonte er aber auch den Primat des Rezeptiv-Hörenden in der theologischen Gotteslehre als „absteigendem Weg“ und zeigte Widerstand gegen Kollegen, die in ihren Modellen der Deutung den Inhalt des Glaubens übergeordneten, aus der Philosophie stammenden Systemen unterordneten: Die Philosophie wurde früher immer als *Ancilla Theologiae* bezeich-

11 Joseph Ratzinger, Fest des Glaubens, Einsiedeln ^{2}1981, 19; ebenso vgl. Dogma und Verkündigung (Anm. 1), 47.

net; eine solche Methodik würde hingegen unterschwellig den Spieß umdrehen und die Theologie zur *Ancilla Philosophiae* machen; und die Folge wäre, dass Gott dann nicht mehr bleiben darf, was er ist, nämlich eine „Wirklichkeit, die alles Verstehen übersteigt", sondern dass die Grenzen unseres Verstehens auch die Grenzen des Gottseins werden.

Ratzinger hat sich als junger Trinitätstheologe den Impulsen der Philosophie und Anthropologie, so z. B. der Idee des sog. „Relationalen Personalismus" von Friedrich Ebner, Martin Buber und Ferdinand Rosenzweig geöffnet, die mit ihrem programmatisch gewordenen Satz „Das Ich wird am Du" das Personverständnis radikal erneuerten und als ein „Sein in und aus Beziehung" begreiflich machten. Der ganze Artikel über den trinitarischen Personbegriff in „Dogma und Verkündigung" zeugt davon. Ratzinger erkannte diese Einsicht als nützlich, um den mit der Neuscholastik verschüttet gegangenen heilsgeschichtlich-anthropologischen Bezug der Trinitätslehre erneuern zu können:

Die Person entsteht und lebt nicht aus sich selbst und mit sich selbst, als „Sich-selbst-denkendes Denken", wie Descartes es gesagt hatte, sondern sie ist, wie auch die göttlichen Personen selbst, ein Sein, das nur aus der Beziehung mit anderen und mit Gott entsteht, wächst und vollendet werden kann. Ihr eschatologischer Eintritt in die volle Communio mit den göttlichen Personen als ihrem Ursprung und Ziel ist demnach auch ihre einzige wesensgemäße Vollendung: Als „Sein-hin-auf-Gott" hat sie deshalb immer schon ein *desiderium naturale ad videndum Deum* und kommt sie erst in Gott ganz zu sich selbst.

Wenngleich ich mich einiger Äußerungen Ratzingers im Artikel „Zum Personbegriff in der Theologie", in „Dogma und Verkündigung"[12] nicht ganz anschließen kann, weil sie den bleibenden Unterschied zwischen göttlichem und menschlich-geschöpflichem Personsein zu sehr verwischen, und weil sie – wie im Falle von Walter Kasper, Bernd Jochen Hilberath, Jürgen Moltmann, Ludger

12 Joseph Ratzinger, Zum Personverständnis in der Theologie, in: Dogma und Verkündigung (Anm. 1), 201–219.

Oeing-Hahnhoff und Eberhard Jüngel – mit der Idee einer angeblichen „Trinitarischen Gesamt-Ontologie“ auch zu einem in meinen Augen illegitimen „Grenzübertritt in die Philosophie“ geführt haben, so müssen seine Gedanken doch als ein bahnbrechender Vorstoß betrachtet werden, welcher in der Trinitätslehre die Türen zu einer Wiedergewinnung der anthropologischen und soteriologischen Dimension geöffnet hat: Gott ist in seinem letzten Sein nicht bloß das Dasein stiller, kalter und abstrakter Wahrheit, oder ein A und O im Sinne eines starren Weltgesetzes, sondern vollzieht sich selbst als ein ewiger Akt interpersonalen Austausches der Liebe, der uns einlädt, in ihm ganz wir selbst zu werden und bleiben zu dürfen.

Damit wird auch die Reserve Ratzingers gegenüber anderen Modellen der Neubegründung von Trinitätslehre deutlich, die, wie z. B. Karl Rahner[13], Edward Schillebeeks und Herbert Vorgrimler, im Rahmen einer Traszendentaltheologie die vom deutschen Idealismus übernommene „Wende zum Subjekt“ als neues Deutungsmodell in die Trinitätslehre übertragen haben: In ihnen wird Gott dann als „absolutes Subjekt“ begriffen, das in dialektischer Weise „am anderen seiner selbst es selbst wird“:

Karl Rahner schlägt deshalb in seiner Trinitätslehre sogar vor, den Personbegriff in der Gotteslehre besser aufzugeben und durch „Distinkte Subsistenzweise“ zu ersetzen, weil die Beibehaltung des Personbegriffs in der Trinitätslehre zu einem Tritheismus verleiten würde; und stellt am Ende sogar explizit fest, dass es in Gott nicht drei, sondern nur ein einziges „reales Bewusstsein“ gäbe![14] Damit ist m. E. der Eigenstand des Personalen in Gott vernichtet. Karl Rahner hat mit diesem Vorstoß bei vielen beißende Kritik geerntet, die zwar nicht immer im Ton, aber vom Inhalt her – oder besser: im Hinblick auf die unausbleiblichen Konsequenzen – durchaus zu Recht erfolgt ist.[15]

13 Karl Rahner, Mysterium Salutis Bd. 2, 317–397.

14 Ebd. 388.

15 Vgl. Walter Kasper, Der Gott Jesu Christi, Mainz 1982, 351ff.; Jürgen Moltmann, Trinität und Reich Gottes. Zur Gotteslehre, München 1980, 154–166; Franz Xaver Bantle, Person und Personbegriff in der Trinitätslehre Karl Rahners, in: MThZ 30 (1979) 11–24.

Jürgen Moltmann, Franz Xaver Bantle, und auch ich selbst haben deshalb kritisiert, dass Rahners Neuansatz am Ende dazu führe, dass wir in Gott mit einem „absoluten Subjekt" zu tun haben, das keine Person mehr ist, und mit drei Personen, die keine Subjekte mehr sind![16] Sosehr Rahner Recht gegeben werden muss, dass das moderne Personverständnis oftmals zu einem Tritheismus führt, so sehr bedarf sein Modell jedoch des Hinweises, dass es fast zwangsläufig zu einem Modalismus führt, der die selbständig-personale Eigenexistenz dreier Personen in Gott selbst aufhebt. Jürgen Moltmann hat Rahners Modell deshalb explizit den Stempel „idealistischer Modalismus" aufgedrückt.[17]

Auch Joseph Ratzinger hat seine Reserve gegenüber dem Modell seines alten Freundes Rahner bekundet – wenngleich aufgrund seines Respektes auch nur sehr verhalten –, als er kritisch bemerkte: „Über die Legitimität der Trinitätslehre von Karl Rahner muss diskutiert werden!"

Ich selbst bin mir jedoch sicher – und damit glaube ich auch der zentralen Einsicht Benedikts XVI. zu entsprechen –, dass nicht nur einer Wiederbelebung der spirituellen, soteriologischen und anthropologischen Bedeutung der Trinitätslehre im innerchristlichen Bereich, sondern auch der Sicherung der europäischen Kultur, die auf dem Gedanken des absoluten Primates und der Würde der Person aufgebaut ist, am meisten gedient wird, wenn wir Gott als Ursprung und Ende allen Seins als „Communio Personarum" begreifen.

Der Glaube an Gott steht nicht gegen die Vernunft, aber er übersteigt die Vernunft. Wenn wir hingegen dieser personalen Communio im Absoluten philosophische Kategorien überordnen, die als abstrakte Wahrheiten zwar nüchtern und kalt sind, aber doch zumindest als „allgemein vermittelbar" erscheinen, dann laufen wir Gefahr – wie Thomas von Aquin in seinem Kommentar zur Trinitätslehre des Boethius einmal sagte, „den Wein des Glaubens in das

16 Jürgen Moltmann, Trinität und Reich Gottes (Anm. 15), 154–166; Hans Christian Schmidbaur, Personarum Trinitas. Die trinitarische Gotteslehre des hl. Thomas von Aquin, EOS-Verlag St. Ottilien 1993, 537–544.

17 Jürgen Moltmann, Trinität und Reich Gottes (Anm. 15), 154; 165.

Wasser der bloßen Vernunft zu verwandeln"![18] Benedikt XVI. weist uns jedoch den umgekehrten Weg, weil nur dieser zu jenem „*trinitarischen Wir*" führt, in dem auch ein „*Raum für unser menschliches Wir zubereitet ist!*"[19]

18 Thomas von Aquin, In Librum Boethii de Trinitate expositio q.2 a.3 ad 5: „Deshalb vermischen diejenigen, die die Lehren der Philosophen in der heiligen Lehre verwenden, indem sie die Philosophie unter den Gehorsam des Glaubens zwingen, nicht Wein mit Wasser, sondern sie machen Wasser zu Wein!"

19 Joseph Ratzinger, Dogma und Verkündigung (Anm. 1), 218.

Die „unverlorene Katholizität"

Joseph Ratzinger und die Orthodoxen Kirchen

Christian Schaller

Der Vorsitzende der Abteilung für Außenbeziehungen des russisch-orthodoxen Patriarchats Moskau, Metropolit Kirill von Smolenks und Kaliningrad, hat für die russische Ausgabe der *Einführung ins Christentum* von Joseph Ratzinger, die im Dezember 2006 erschienen ist, ein Vorwort verfasst, in dem er den Wunsch äußert, die Kirchen „mögen […] zu einer fruchtvollen Zusammenarbeit in der Verkündigung christlicher Werte gelangen. Genau dieser Geist der Treue zu unseren gemeinsamen Wurzeln durchdringt Papst Benedikts XVI. Buch."[1]

Nach all den Jahrhunderten, in denen das Verhältnis zwischen der Kirche des Westens und den Orthodoxen Kirchen eher von gegenseitigem Misstrauen geprägt war und sich erst in der Mitte des 20. Jahrhunderts, v. a. in der Zeit nach dem II. Vatikanischen Konzil,[2] deutliche Spuren eines vertrauensvollen Sich-Annäherns verfolgen lassen, ist die Tatsache, dass ein Metropolit der russisch-orthodoxen Kirche bei der Herausgabe eines Standardwerkes der –

1 Ein Weg, der zur Wahrheit führt. Das Vorwort des Metropoliten Kirill zur russischen Edition der „Einführung ins Christentum", in: KNA-Ökumenische Information 19 vom 08.05.2007, 9.

2 Als Ausgangpunkt für viele ökumenische Entwicklungen kann das Dekret über die katholischen Ostkirchen *Orientalium Ecclesiarum* des II. Vaticanums gelten. Richtet sich darin zwar der Blick wesentlich auf die katholischen, also die mit dem Apostolischen Stuhl in voller Gemeinschaft stehenden, nichtlateinischen Teilkirchen, so wird dennoch auch damit eine Blickrichtung festgelegt, die sich mit der gesamten Situation des christlichen Ostens beschäftigt. Wegweisend war natürlich auch das Dekret *Unitatis redintegratio* über den Ökumenismus, das sich in den Nr. 14–18 in besonderer Weise mit der Orthodoxen Kirche beschäftigt.

wenn man so sagen will, westlichen – Theologie einführende Zeilen schreibt, ein wirklicher Meilenstein der Ökumene.

1. Aufgehoben in der Liebe – Die Tilgung der Bannsprüche

Nur zwei Ereignisse seien an dieser Stelle erwähnt, die für das gegenwärtige von Respekt und Vertrauen geprägte Miteinader von unschätzbarem Wert sind: Die Gemeinsame Erklärung Papst Pauls VI. und des Ökumenischen Patriarchen Athenagoras I. vom 7. Dezember 1965[3] und die Erinnerung daran 40 Jahre später in München am 7. Dezember 2005.

Paul VI. und Athenagoras I. bedauern die „beleidigenden Worte, grundlosen Vorwürfe und verwerflichen Handlungen“[4], von denen die bisherige Epoche der Geschichte geprägt war und erklären „die Exkommunikationssentenzen, die auf sie gefolgt sind, und deren Erinnerung einer Annäherung in der Liebe bis heute hindernd im Wege steht, […] aus dem Gedächtnis und der Mitte der Kirche (zu) tilgen und dem Vergessen anheim fallen (zu) lassen.“[5]

Sie hoffen dabei, „dass diese Geste Gott gefalle, der schnell bereit ist, uns zu verzeihen, wenn wir einander verzeihen, und dass sie von der ganzen christlichen Welt, vor allem aber von der gesamten römisch-katholischen und orthodoxen Kirche gewürdigt werde als Ausdruck eines ehrlichen beidseitigen Willens zur Versöhnung.“[6]

3 Pro Oriente, Tomos Agapis. Dokumentation zum Dialog der Liebe zwischen dem Hl. Stuhl und dem Ökumenischen Patriarchat 1958–1976, Innsbruck u. a. 1978. Ein leicht zugänglicher Neudruck findet sich in: Johannes Oeldemann, Die Wiederentdeckung der Communio. Der orthodox-katholische Dialog 40 Jahre nach der Tilgung der Bannsprüche von 1054 aus dem Gedächtnis der Kirche, Würzburg 2006, 95–98.

4 Ebd. 97.

5 Ebd.

6 Ebd. 98.

Wie nachhaltig das Ereignis aus dem Jahre 1965 ist, zeigt das Ökumenische Symposium 40 Jahre später in München, das auf eine Initiative der Arbeitsgruppe Kirche des Ostens der Deutschen Bischofskonferenz in Zusammenarbeit mit der Griechisch-Orthodoxen Metropolie von Deutschland zurückgeht. Von 1054 bis zu den Jahren 1965 und 2005 wurde Schmerzhaftes gegenseitig zugefügt und die Einheit der Kirche Jesu Christi beschädigt. Heute existiert eine ständige Konferenz der Deutschen Bischofskonferenz, vertreten durch den Vorsitzenden der Ökumenekommission der Deutschen Bischofskonferenz, und der Griechisch-Orthodoxen Metropolie in Deutschland, die gegenwärtig durch die Erweiterung des Teilnehmerkreises zum Beispiel gelingender Umsetzung der historischen Ereignisse der letzten 50 Jahre geworden ist. Die Ökumene mit den Orthodoxen Kirchen gehört nunmehr zu den großen Chancen der Einheit, die durch tägliche Begegnungen und internationale Kontakte gestärkt wird. Es hat sich wohl der Satz Athenagoras' bewahrheitet, den er 1965 in seiner Rede gesprochen hat: „Wir schreiben heute nicht nur eine Seite in das Geschichtsbuch der Kirche, sondern auch eine Seite der Liebe in die Geschichte unserer Herzen."[7]

2. Einheit vom Herrn – Ökumene ist nicht konstruierbar

> „Nein, denn die Einheit der Christen kann nicht durch irgendeinen politischen Coup hergestellt werden, oder durch ein Schwert, das einen gordischen Knoten durchhaut. Es geht um lebendige Prozesse. Und es kann weder ein Papst, noch ein Weltkirchenrat einfach sagen, liebe Freunde, jetzt machen wir's so!"[8]

7 Zitiert nach Gerhard Feige, Einführung in das Ökumenische Symposium am 40. Jahrestag der Tilgung der Bannsprüche von 1054 aus dem Gedächtnis der Kirche, in: ebd. 17.

8 Joseph Ratzinger, Gott und die Welt. Ein Gespräch mit Peter Seewald, München 2000, 389.

So eindeutig bezieht Joseph Ratzinger Stellung, wenn es darum geht, eine konstruierbare, auf das rein Faktische bezogene Ökumene zu beurteilen. Die Entschiedenheit, mit der bekannte Kreise während Kirchen- und Katholikentagen ein gemeinsames Abendmahl feiern wollen, von den theologischen und sakramentalen Unterschieden einmal abgesehen, ist das beste Beispiel für eine Ökumene, die nicht die Einheit sucht, die von Jesus Christus seiner Kirche geschenkt ist, sondern die Unterschiede verwischt, um zu provozieren und deren Verständnis von Kirche keinesfalls als sinnvoller Antrieb einer gelingenden Ökumene dienen kann. Die Einheit, die Christus schenkt, kann nicht durch das Ausblenden bestehender Unterschiede vorangebracht werden, sondern in der Konzentration auf das Wesen des Glaubens, in der Suche nach dem, „was nicht wir gemacht haben, sondern was wir vom Herrn empfangen haben –, und uns dieser Zuwendung zum Herrn und zur Mitte in dieser Verwesentlichung öffnen, damit er weiterführen kann, er alleine."[9]

Bereits 1986 hatten die Ausführungen Joseph Ratzingers in der Theologischen Quartalschrift zur Zukunft der Ökumene die gleiche Intention: „Ein Christsein, das sich im wesentlichen in Kriterien des ‚Engagements' definiert, ist in seinen Konturen zu verschwommen, als dass es auf lange Sicht Einheit schaffen und die Beständigkeit gemeinsamen kirchlichen Lebens hervorbringen könnte."[10] Statt sich einem „menschlichen Erfolgsdruck"[11] zu unterwerfen, sollten die entgegen jeder menschlichen Vorstellung erfolgreich erreichten Etappen auf dem Weg zur Einheit anerkannt und als Fundament gemeinsamen Tuns dienen:

> „Dass wir gemeinsam die Bibel als Wort Gottes lesen; dass uns das von den alten Konzilien im Lesen der Bibel geformte Bekenntnis zum dreieinigen Gott, zu Jesus Christus als wah-

9 Ebd.

10 Joseph Ratzinger, Zum Fortgang der Ökumene. Brief an den Moderator dieses Heftes, in: ThQ 166 (1986) 243–248, hier: 244; ähnlich an anderer Stelle: „Jedenfalls sollte klar sein, dass wir die Einheit nicht machen, [...] dass wir aber dennoch die Hände nicht in den Schoß legen dürfen", ebd. 246.

11 Ebd. 246.

> rem Gott und Menschen, zu Taufe und Sündenvergebung und damit das Grundbild Gottes wie des Menschen gemeinsam ist, das muss immer wieder neu vollzogen, öffentlich bekannt und im Vollzug vertieft werden. Gemeinsam ist uns aber auch die Grundform des christlichen Gebets und eins auch die wesentliche ethische Weisung des vom Neuen Testament her gelesenen Dekalogs."[12]

Aber die hier als Möglichkeit angezeigte Umsetzung der von Oscar Cullman angeregten „Einheit in Verschiedenheit" bedeutet auch, dass das Anderssein des Anderen als Stachel ertragen werden muss und dies als Chance gesehen werden kann, Spaltung in die Bewegung des gegenseitigen Gebens umzuformieren. Daraus erwächst auch ein „neuer Reichtum des Hörens und Verstehens"[13], der Missverständnisse, aber auch unsinnige Polemik und die wenig sachorientierte Ökumene des Faktischen ihrer Leere wegen überführt.

3. Gebet und Wissenschaft – Wege der Ökumene

Ein Höhepunkt des Pastoralbesuches Papst Benedikts XVI. in seiner Heimat war das Ökumenische Abendlob im Regensburger Dom mit Vertretern der Orthodoxen Kirche und Mitgliedern aus den verschiedenen Traditionen der Reformation. Der Papst betont gleich zu Anfang seiner Predigt die wesentliche Bestimmung und Ausrichtung des historischen Augenblicks: „Dies ist die Stunde der Dankbarkeit dafür, dass wir so miteinander die Psalmen beten dürfen und aus der Zuwendung zum Herrn hin zugleich eins werden dürfen."[14] Im gemeinsamen Gebet werde das sichtbare Zeichen der ersehnten Einheit, die von Christus geschenkt wird, erfahrbar, und die Erinne-

12 Ebd. 246f.

13 Ebd. 245.

14 Sekretariat der Deutschen Bischofskonferenz (Hg.), Apostolische Reise Seiner Heiligkeit Papst Benedikt XVI. nach München, Altötting und Regensburg 9. bis 14. September 2006. Predigten, Ansprachen und Grußworte (= VApSt 174), 87.

rung an das konstruktive wissenschaftliche Ringen während einer Tagung in Belgrad, die sich mit den Grundthemen der Koinonia, der Gemeinschaft in den zwei Dimensionen, die der Erste Johannesbrief beschreibt, beschäftigte, bekundet den Ernst und das an der Wahrheit orientierte Suchen nach Wegen zur Einheit:

> „Unsere Koinonia ist zunächst Gemeinschaft mit dem Vater und seinem Sohn Jesus Christus im Heiligen Geist; sie ist die vom Herrn durch seine Menschwerdung und die Geistsendung ermöglichte Gemeinschaft mit dem dreifaltigen Gott selbst. Diese Gemeinschaft schafft dann auch die Koinonia untereinander, als Teilhabe am Glauben der Apostel und so als Gemeinschaft im Glauben, die sich in der Eucharistie verleiblicht und über alle Grenzen hin die eine Kirche baut.“[15]

Hier sind zwei Dimensionen nebeneinander gestellt, die das ökumenische Denken Joseph Ratzingers nachhaltig geprägt haben: das Gebet und die wissenschaftliche Vertiefung. Nicht spektakulär ist die Einheit zu erzwingen, sondern sie entsteht erst dann, wenn sie auf die Fundamente des Mensch-Seins gestellt ist, auf seine Vernunft und auf seine Herkunft von und seine Bestimmung in Gott.

4. Ökumene zwischen Wien und Graz: Eine Relecture ökumenischer Thesen

3.1 Der Vorsitz in der Liebe

In seinem Vortrag im Rahmen des ersten ekklesiologischen Kolloquiums zwischen orthodoxen und römisch-katholischen Theologen, das vom Stiftungsfond PRO ORIENTE in Wien vom 1.–7. April 1974 in Zusammenarbeit mit dem Orthodoxen Zentrum des Ökumenischen Patriarchats, Chambésy, und dem Vatikanischen Sekretariat

15 Ebd. 88.

für die Einheit der Christen veranstaltet wurde, nimmt Joseph Ratzinger Stellung zu der wohl schwierigsten Frage im ökumenischen Disput zwischen West und Ost: Die Stellung des Bischofs von Rom in der Gesamtkirche.[16]

Die damals vom Professor der Theologie vorgestellten Thesen, die er in Folge auch als Kardinal erneut veröffentlichte, gehören – auch über 30 Jahre später – zu den hoffnungsvollsten Zeichen gegenseitiger Annäherung und zu den herausragendsten Verdiensten des Theologen Joseph Ratzinger.

Ratzinger kommentierte damals eine Grußformel des Ökumenischen Patriarchen von Konstantinopel, Athenagoras, mit der dieser Papst Paul VI. am 25. Juli 1967 in der Türkei begrüßte: „Und siehe, wir haben in unserer Mitte gegen jede menschliche Erwartung den ersten von uns der Ehre nach, den Vorsitzenden in der Liebe".[17] Mit fast hymnischer Sprache beschwört der Patriarch die Notwendigkeit, den mit der Aufhebung der Bannsprüche im Jahr 1965 begonnenen Weg zu vollenden. Die Geste, die sich hier in den Dienst der Koinonia stellt, hat theologische Relevanz und betritt den Bereich historischer Größe. Die Liebe als Ausgangspunkt aller Suche nach Verständigung ist jederzeit möglich.[18] Aus der Bereitschaft zur Liebe und dem Geist wahrer Brüderlichkeit erschließt sich die Dringlichkeit eines theologischen Dialogs, der Grundlegendes freilegt, Missverständnisse der Vergangenheit korrigiert und als Ergebnis eine Gemeinschaft ermöglicht, die dem Auftrag Jesu zur Einheit gerecht wird. So gehört auch die Reinigung des Gedächtnisses zum

16 Joseph Ratzinger, Das Ende der Bannflüche von 1054. Folgen für Rom und die Ostkirchen, in: IKaZ 3 (1974) 289–303. Ferner in: Pro Oriente. Auf dem Weg zur Einheit des Glaubens, Innsbruck-Wien-München 1976, 101–113; unter dem Titel: Rom und die Kirchen des Ostens nach der Aufhebung der Exkommunikation von 1054, wieder abgedruckt in: ders., Theologische Prinzipienlehre. Bausteine zur Fundamentaltheologie, München 1982, ^{2}1983, 214–230. Zitiert wird nach der Ausgabe von 1983.

17 Tomos Agapis, Nr. 173.

18 Vgl. Tomos Agapis, Nr. 260: „Wir begegnen uns auf dem Weg der Wiederherstellung der Liebe zwischen orthodoxer und römisch-katholischer Kirche."

Akt der brüderlichen Agape, die durch die Aufhebung der Bannsprüche die Kategorie des Verzeihens mitbedenkt.

In der Begrüßung des Papstes als „Vorsitzender in der Liebe" erkennt Ratzinger in aller Klarheit die Position der Orthodoxen Kirche, die sich in dieser eindeutigen Form hier erstmals wohl seit über 1000 Jahren formuliert findet.

> „Es ist klar", so Ratzinger, „dass der Patriarch damit nicht den ostkirchlichen Boden verlässt und sich nicht zu einem westlichen Jurisdiktionsprimat bekennt. Aber er stellt deutlich heraus, was der Osten über die Reihenfolge der an Rang und Recht gleichen Bischöfe der Kirche zu sagen hat und es wäre nur noch der Mühe wert zu überlegen, ob dieses archaische Bekenntnis, das von ‚Jurisdiktionsprimat' nichts weiß, aber eine Einstellung an ‚Ehre' und Agape bekennt, nicht als eine dem Kern der Sache genügende Sicht der Stellung Roms in der Kirche gewertet werden könnte – der ‚heilige Mut' verlangt mit Klugheit ‚Kühnheit'."[19]

Damit hat Ratzinger ein neues Kapitel im ökumenischen Gespräch mit der Orthodoxen Kirche aufgeschlagen. Die zu scheinbar unrevidierbaren Gegensätzen zwischen Ost und West angewachsenen Differenzen wurden von Misstrauen und Antagonismen flankiert und ließen die Trennung von 1054 zu einer dauerhaften Spaltung werden. Erst mit den innovativen Überlegungen des Theologen Joseph Ratzinger konnte anstelle alter Vorurteile die symbolische Kraft der christlichen Liebe ein neues Nachdenken anstoßen. Der „Vorsitz in der Liebe" ist für die ökumenische Suche nach Lösungen in der Frage des universalen Hirtendienstes des Papstes von ungeahnter Tragweite. So ist Ratzingers zukunftsweisende Annäherung an den Primat des Papstes bereits einige Jahre vor dem Vortrag in Wien

19 Joseph Ratzinger, Theologische Prinzipienlehre. Bausteine zur Fundamentaltheologie, München ^{2}1983, 229.

geprägt von der Unterscheidung zwischen der Funktion des Papstes als Patriarch und seinem Petrusdienst.[20]

Aber auch die normative Bedeutung des ersten Jahrtausends für die Kirche insgesamt wurde wieder in der Theologie anerkannt. „Was Jahrhunderte lang in Kraft war", so Walter Kasper mit Blick auf die Ausführungen von Ratzinger, „kann heute nicht falsch sein."[21] Natürlich geht es dabei nicht um eine naive Restitution der Vergangenheit. Aber die Wurzeln der 1000 Jahre bestehenden Gemeinschaft erscheinen auch heute noch als stabile Gewähr für das zu errichtende gemeinsame Haus, das den Osten und den Westen beheimatet.[22] In der dankbaren Erinnerung an das, was die Kirche von ihrem Ursprung an über zehn Jahrhunderte geeint hat, wird eine Dynamik ausgehen, die die Spaltung ebenso aus dem gemeinsamen Gedächtnis tilgen wird, wie einst die Ursprünge der Trennung selbst.

Und so sei auch an die Enzyklika Ut unum sint von Johannes Paul II. erinnert, die zu einem Nachdenken über die Form des petrinischen Dienstes einlädt.[23]

20 Joseph Ratzinger, Primat und Episkopat, in: ders., Das neue Volk Gottes, Düsseldorf 1969, 141–144.

21 Walter Kasper, Wege der Einheit. Perspektiven für die Ökumene, Freiburg 2005, 193.

22 In jüngster Zeit tritt auch ein politischer Anklang hinzu, der auf die Verantwortung der Kirche für das sich neu strukturierende Europa hinweist. Die Begegnungen zwischen Rom und der Orthodoxie seien „von grundlegender Bedeutung für den europäischen Kontinent und für die Zukunft der Weltgeschichte"; Es müsse alles getan werden, „damit diese Begegnung wirklich zur brüderlichen Gemeinschaft führt und aus ihr der Segen der Gemeinschaft des Glaubens kommt: der Segen, dass die Menschen sehen können, dass wir eins sind und von da her Christus zu glauben vermögen" (Ansprache vom 17. April 2007 an eine Delegation aus dem Erzbistum München und Freising).

23 Johannes Paul II., Enzyklika *Ut unum sint,* Nr. 88–98; vgl. dazu: Gerhard Ludwig Müller, Theologische Perspektiven der Ökumene-Enzyklika Papst Johannes Pauls II. ‚Ut unum sint', in: ders., Mit der Kirche denken. Bausteine und Skizzen zu einer Ekklesiologie der Gegenwart, Würzburg [3]2007, 193–210.

3.2 „... mehr muss Rom nicht verlangen"

Nur wenige Monate später hat sich Joseph Ratzinger in der Aula der Universität Graz erneut auf die Begrüßungsansprache des Patriarchen Athenagoras bezogen. Wollte er in Wien nur einen Anstoß zum Weiterdenken geben („es wäre der Mühe wert zu überlegen ob ..."), so legt er in Graz sein eigenes Konzept vor, das neue Möglichkeiten für die Orthodoxe Kirche an die Hand gibt, auf welche Weise der Petrusdienst auch für sie selbst zum festen Bestandteil werden könnte. Unmissverständlich legt er in seinen viel zitierten Ausführungen dar:

> „Rom muss vom Osten nicht mehr an Primatslehre fordern, als auch im ersten Jahrtausend formuliert und gelebt wurde. Wenn Patriarch Athenagoras am 25. Juli 1967 beim Besuch des Papstes in Phanar diesen als Nachfolger Petri, als den ersten an Ehre unter uns, den Vorsitzenden der Liebe, benannte, findet sich im Mund dieses großen Kirchenführers der wesentliche Gehalt der Primatsaussagen des ersten Jahrtausends, und mehr muss Rom nicht verlangen."[24]

Wie sind solche Äußerungen zu verstehen? Ratzinger erklärt in seinen Ausführungen die geschichtlichen Grundtypen der Kirchenspaltung. Keine Trennung lässt Spuren einer in allem übereinstimmenden Motivation erkennen. Und auch das Ergebnis weicht oftmals in unterschiedlicher Weise von den Lehraussagen der Kirche ab. Ratzinger skizziert daher die theoretischen Modelle, die in der Ge-

24 Joseph Ratzinger, Prognosen für die Zukunft des Ökumenismus, in: Ökumenisches Forum. Grazer Hefte für konkrete Ökumene 1 (1977) 31–41; wieder abgedruckt in: ders., Vom Wiederauffinden der Mitte. Grundorientierungen, Freiburg 1997, 181–194. Zitiert wird nach der Ausgabe von 1997. Das Zitat findet sich auf 188. Zur Wirkungsgeschichte des Vortrags in Wien vgl. auch: Damaskinos Papandreou, Die Beziehungen zwischen der römisch-katholischen und der orthodoxen Kirche. Hoffnungsvolle Gedanken des Papstes, in: IKaZ 35 (2006) 537–540.

schichte der Kirche zu einer bis heute andauernden Trennung geführt haben.

Als verantwortlich für die Ereignisse des Jahres 1054 erkennt Ratzinger den „Riß zwischen chalkedonischen und vorchalkedonischen Kirchen“.[25] Er betrifft das Christusbekenntnis und damit das Zentrum unseres Glaubens. Aber, so räumt Ratzinger ein, es handelt sich dabei um einen der letzten begrifflichen Verdichtung des Bekenntnisses zu Christus eher vorgelagerten Topos, der aufgefangen wird in der gemeinsamen Anerkenntnis des Konzils von Nizäa, also im Bekenntnis zur Gleichwesentlichkeit des Sohnes mit dem Vater und zur konziliaren Aussage vom wahren Menschsein Gottes in Jesus Christus.

Wer hier die Autorität des Konzils und die verbindlich vorgelegten Glaubensaussagen in dieser Form vollständig für sich im Glauben als Bekenntnis aufnimmt, der akzeptiert die dahinter stehende Struktur von Kirche und Glauben. Unmöglich ist eine isolierte Annahme des Lehrsatzes, ohne von der grundsätzlichen Zustimmung zur Bildung der Kirche aus dem Willen, dem Wort und den Taten Jesu und deren gestaltender Fortsetzung durch die in der Sendung durch Christus beauftragten Apostel auszugehen. Rückgebunden an die Kirche, die im Neuen Testament auf die Initiative Jesu hin entstanden ist, wird die Zeit bis Nizäa zur Grundform ekklesialer Wirklichkeit, d. h. dass auch die successio apostolica und das Sakrament der Weihe die wesenhafte Verbindung mit dem Ursprung anzeigen.

Ratzinger nähert sich nun der Problematik der Trennung von Ost und West. Er sagt, dass die „Monarchiae Papae“ aus der Sicht der Orthodoxen Kirche „eine Zerstörung der ekklesialen Struktur als solcher“ bedeute, „in deren Gefolge etwas anderes und Neues an die Stelle der altchristlichen Form“[26] trete.

Der Vorwurf wird erhoben, Rom habe die Kollegialität bischöflich geleiteter Ortskirchen einem Souverän geopfert, dessen alleini-

25 Joseph Ratzinger, Prognosen für die Zukunft des Ökumenismus (Anm. 24), 181.

26 Ebd., 182.

ger Wille zugleich die einzige Rechtsquelle sei, anstelle der vorgegebenen Überlieferung und deren Auslegung durch alle maßgeblich Verantwortlichen. Nimmt man die Frage des Rechts und der Sakramente hinzu, ist der Trennung von Ost und West ein gefährliches Potential an die Hand gegeben, das wechselseitig dem je anderen das Christ-Sein, das Kirche-Sein absprechen könnte. Dass es nicht dazu gekommen ist, liegt sicherlich an der für beidc Seiten verbindlichen Rückbindung an die gemeinsamen Wurzeln und an den im ersten Jahrtausend als eine Kirche gegangenen Weg des unzerbrochenen Zeugnisses. Die Ostkirche hat der Interpretation der Petrusworte im Westen nie folgen wollen. Aber die Tradition des Auftrags und der Sendung Petri wurde von Rom durch den Papst lebendig bewahrt und als Prinzip der Einheit innerhalb der sakramentalen Wesenstruktur erkannt.

> „Mag der Westen am Osten das Fehlen des Petrusamtes beanstanden – er muss dennoch zugestehen, dass in der Kirche des Ostens Gehalt und Gestalt der Väterkirche ungebrochen lebendig sind. Mag der Osten am Westen die Existenz des Petrusamtes und seinen Anspruch kritisieren, auch für ihn muss sichtbar bleiben, dass darob in Rom nicht eine andere Kirche als im ersten Jahrtausend besteht – in der Zeit, in der man gemeinsam Eucharistie feierte und eine Kirche war."[27]

Das erste christliche Jahrtausend bildet also den Ausgangspunkt für ein an der Wahrheit orientiertes Suchen nach der Einheit der Kirche. Als Maximalforderungen des Westens an den Osten kann also nicht die volle Anerkennung der Primatslehre stehen, wie sie sich auf dem Ersten Vaticanum 1871 definierte. Der Osten hingegen kann nicht erwarten, dass das Dogma der Unfehlbarkeit des Papstes als Irrtum gleichsam „neu definiert" wird und dass in Abhängigkeit von dieser Entscheidung die marianischen Dogmen von 1854 und 1950 sowie die Diskussion über das Filioque im Glaubensbekenntnis aus dem verbindlichen Kanon der Lehre zu streichen seien.

27 Ebd., 184.

Keine der hier angedachten Maximalforderungen ist geeignet, das Problem der angestrebten Einheit zu lösen. So erscheint gerade in der Erkenntnis einer uns verbindenden Zeitspanne von über tausend Jahren jenes gemeinsame Fundament, das den Schwesterkirchen[28] zur Errichtung des einen Hauses dienen kann. Es geht allerdings nicht um die Fusion unterschiedlicher Konzeptionen, sondern um das Offenlegen verbindender Elemente im gemeinsamen Kirche-Sein.

5. Ein Akt unverlorener Katholizität

Die symbolischen Gesten des Respekts, des Sich-Annehmens aus der Fülle gemeinsam getragener Geschichte und die Fortsetzung des Wesens der wahren Kirche in Ost und West bieten die Basis für die Einheit. Der Osten könnte darauf verzichten, das zweite Jahrtausend der katholischen Kirche als Fehlform oder als Häresie einzustufen und die Kirche des Westens in der entwickelten Gestalt seit der Trennung als rechtgläubig und rechtmäßig annehmen.

Umgekehrt muss der Westen die gefundenen Formen des Ostens ebenfalls in ihrer Rechtmäßigkeit und in ihrer Rechtgläubigkeit anerkennen. Das sind Akte der Selbstreflexion, der Demut, des Verzichts auf scheinbar unhinterfragbare Motive der Trennung, die sich in der Geschichte tradiert haben und zugleich von den Verantwortlichen eine spirituelle Größe fordern, damit in den Bemühungen auf dem Weg zur Einheit die geistliche, von der Wahrheit und dem

28 Vgl. Kongregation für die Glaubenslehre, Note über den Ausdruck „Schwesterkirchen“ vom 30. Juni 2000, in: OR vom 28.10.2000, 6; vgl. dazu Walter Kasper, Was bedeutet „Schwesterkirchen“? Offene Fragen, in: ders., Wege der Einheit. Perspektiven für die Ökumene, Freiburg, 2005, 106–131. Für die Einschätzung der gesamten Problematik um die Hindernisse auf dem Weg zur Einheit und zur Beständigkeit der Initiativen Joseph Ratzingers vgl. Briefwechsel zwischen Metropolit Damaskinos und Joseph Ratzinger über die Erklärung der Kongregation für die Glaubenslehre Dominus Iesus und über die Note der Kongregation für die Glaubenslehre Schwesterkirchen, in: Joseph Ratzinger, Weggemeinschaft des Glaubens. Kirche als Communio, Augsburg 2002, 187–209.

Willen Christi getragene Dimension deutlich wird. So kann Ratzinger Prognosen erstellen, die für den Fortgang der theologischen und geistlichen Ebene der Ökumene zwischen West und Ost notwendig sind:

> „Das theologisch Mögliche kann geistlich verspielt werden und dadurch auch theologisch wieder unmöglich werden; das theologisch Mögliche kann geistlich möglich und dadurch auch theologisch tiefer und reiner werden. [...] Aber die gegensätzlichen Möglichkeiten, die in der Diagnose enthalten sind, sollte man überhaupt nicht als Problem einer theoretisch bleibenden Wahrscheinlichkeitsrechnung auffassen, sondern als einen praktischen Imperativ: Die Aufgabe jedes verantwortlichen Christen und in besonderer Weise natürlich der Theologen und Kirchenführer ist es, dem theologisch Möglichen geistlich Raum zu schaffen; ohne billige Oberflächlichkeit doch überall das Gegensätzliche unter dem zwingenden Auftrag einer Einheit ohne Einerleiheit zu sehen und zu leben; nicht nur immer nach der Vertretbarkeit der Einigung, der Anerkennung des anderen, sondern noch viel nachdrücklicher nach der Vertretbarkeit des Getrenntbleibens zu fragen, denn nicht die Einheit bedarf der Rechtfertigung, sondern die Trennung.“[29]

Ökumene bedeutet im Blick auf die Orthodoxe Kirche also keine naive Forderung nach einer Rückkehr, die jeden Unterschied beiseite schieben würde und sich zu einem rein oberflächlichen Funktionszusammenschluss entwickeln müsste; dies kann nicht das bestimmende Movens einer an der Wahrheit orientierten Ökumene sein. Im Ringen um die Einheit sind die Selbstreflexion in Demut und die aus dem Geiste wahrer Brüderlichkeit sich nährende Annäherung die adäquaten Koordinaten des Miteinanders in der Koinonia.

Theologische Erörterung der Differenzen dürfen nicht den Spannungsbogen überdehnen. Denn damit wäre die geistliche Dimen-

29 Joseph Ratzinger, Prognosen für die Zukunft des Ökumenismus (Anm. 124), 189f.

sion nur ein hilfloser Zusatz, der die verbindenden Elemente nicht in ihrer wesentlichen Bedeutung für die Einheit wahrnehmen kann. So bleibt der Blick auf die tausend Jahre gemeinsamen Zeugnisses und die unverlorene Katholizität, die auf der ekklesialen Übereinstimmung einer bischöflich verfassten Kirche begründet ist, die Chance, die Trennung geistlich und theologisch zu überwinden.

In der gegenwärtigen Phase der Annäherung scheint die Zeit noch nicht reif zu sein. Erst wenn das Gesamtgefüge der Ökumene verinnerlicht ist, werden sich – auch durch die Gnade eröffnet – konkrete Möglichkeiten ergeben.

Während seiner Apostolischen Reise in die Türkei vom 28. November bis zum 1. Dezember 2006 hat Papst Benedikt XVI. mit Patriarch Bartholomaios I. eine gemeinsame Erklärung unterzeichnet, in der es unter anderem heißt:

> „Wir danken dem Urheber alles Guten, der uns noch einmal gewährt, im Gebet und im Austausch unsere Freude darüber zum Ausdruck zu bringen, dass wir uns als Brüder fühlen, und unser Engagement im Hinblick auf die volle Gemeinschaft zu erneuern. Dieses Engagement ergibt sich für uns aus dem Willen unseres Herrn und aus unserer Verantwortung als Hirten in der Kirche Christi. Möge unsere Begegnung ein Zeichen und eine Ermutigung für uns sein, dieselben Empfindungen und dieselbe Haltung der Brüderlichkeit, der Zusammenarbeit und der Gemeinschaft in der Liebe und in der Wahrheit miteinander zu teilen.“[30]

Es sind Hoffnung schenkende Zeichen, die man aus derartigen Texten ableiten darf. Joseph Ratzinger – Benedikt XVI. gehört zu den Baumeistern der intensiven Auseinandersetzung der Römischen Kirche mit der Kirche des Ostens. Sein Vorschlag, das theologisch

30 Gemeinsame Erklärung von Papst Benedikt XVI. und Patriarch Bartholomaios vom 30. November 2006, in: www.vatican.va./holy_father/benedict_XVI/speeches/2006/november/documents.

Leistbare unter der Prämisse der Liebe und der Brüderlichkeit auch geistlich fruchtbar zu machen, kann als Modell für die Ökumene mit der Orthodoxen Kirche betrachtet werden. Der Nachklang auf die beiden Vorträge in Österreich während der letzten Jahrzehnte verdeutlicht, dass die darin enthaltenen Gedanken einen neuen Weg der Verständigung aufgezeigt haben, von dem alle Beteiligten sich sicher sind, dass er in die Einheit der Kirche mündet.

Wenn Joseph Ratzinger bereits in den 70er-Jahren diese Möglichkeit gesehen hat, so darf man gespannt sein, mit welchen Schritten er als Papst Benedikt XVI. das Symbol der Trennung durch das Symbol der Liebe endgültig ersetzen wird.

Die Autoren

Prof. Dr. Gerhard Ludwig Müller
Bischof von Regensburg

Prof. Dr. Josef Kreiml
Professor für Fundamentaltheologie und Dozent für Ökumenische Theologie an der Philosophisch-Theologischen Hochschule St. Pölten

Dr. theol. Christian Schaller
Theologischer Referent des Bischofs von Regensburg

Prof. Dr. Hans Christian Schmidbaur
Professor für Dogmatik an der Facultà di Teologia di Lugano

Prof. Dr. Michael Schulz
Professor für Dogmatik an der Rheinischen Friedrich-Wilhelms-Universität Bonn

Prof. Dr. Rudolf Voderholzer
Professor für Dogmatik an der Universität Trier